KSIĄŻKA KUCHARSKA STACKED AND CRISPY WAFFLES AND PANCAKES

100 PUSZYSTYCH, ZŁOTYCH PYSZNOŚCI NA ŚNIADANIE I NIE TYLKO

Ignacy Mazur

Wszelkie prawa zastrzeżone.

Zastrzeżenie

Informacje zawarte w tej książce elektronicznej mają służyć jako kompleksowy zbiór strategii, nad którymi autor tej książki elektronicznej przeprowadził badania. Podsumowania, strategie, wskazówki i triki są jedynie rekomendacjami autora, a przeczytanie tej książki elektronicznej nie gwarantuje, że czyjeś wyniki będą dokładnie odzwierciedlać wyniki autora. Autor książki elektronicznej dołożył wszelkich starań, aby zapewnić czytelnikom książki elektronicznej aktualne i dokładne informacje. Autor i jego współpracownicy nie ponoszą odpowiedzialności za jakiekolwiek niezamierzone błędy lub pominięcia, które mogą się znaleźć. Materiał w książce elektronicznej może zawierać informacje pochodzące od osób trzecich. Materiały pochodzące od osób trzecich składają się z opinii wyrażonych przez ich właścicieli. W związku z tym autor książki elektronicznej nie ponosi odpowiedzialności za materiały ani opinie osób trzecich. Niezależnie od tego, czy z powodu postępu Internetu, czy nieprzewidzianych zmian w polityce firmy i wytycznych dotyczących przesyłania materiałów redakcyjnych, to, co jest podane jako fakt w momencie pisania, może stać się nieaktualne lub nieobowiązujące później.

E-book jest objęty prawem autorskim © 2024 ze wszystkimi prawami zastrzeżonymi. Nielegalne jest redystrybuowanie, kopiowanie lub tworzenie prac pochodnych z tego e-booka w całości lub w części. Żadna część tego raportu nie może być powielana ani retransmitowana w jakiejkolwiek formie bez pisemnej i podpisanej zgody autora.

SPIS TREŚCI

SPIS TREŚCI..4

WSTĘP...8

WAFLE..10

1. Mufle z jagodami i cynamonem........................11
2. Gofrowana szynka i roztopiony ser..................14
3. Gofrowane ziemniaki z rozmarynem................17
4. Quesadillas z goframi w zielonym chili...........20
5. Kanapka Kubańska z Goframi.............................22
6. Gofrowane Croque Madame................................25
7. Klasyczny burger gofrowy z serem....................28
8. Gofrowane pieczarki Portobello........................31
9. Gofrowany Polędwica Mignon.............................34
10. Tosty francuskie z nadzieniem czekoladowym...........38
11. Spaghetti i klopsiki gofrowane..........................41
12. Makaron z serem w waflach................................46
13. Wavioli z serem tostowym...................................49
14. Gnocchi z gofrowanymi słodkimi ziemniakami..........53
15. Pierogi z prasą ziemniaczaną i serem.................57
16. Falafel waflowy i hummus....................................61
17. Sałatka nicejska z gofrowanym tuńczykiem.........64
18. Krabowe placki w kratkę......................................69
19. Krab o miękkiej skorupie w waflach...................72
20. Gofrowane ciasto tamale......................................74
21. Gofrowane meksykańskie Migas..........................78
22. Wontony z krewetkami w waflach.......................81
23. Arancini z serem i goframi..................................85
24. Placki z cukinii i parmezanu...............................88
25. Tostones w waflach..91

26. Frytki gofrowane..................95
27. Gofrowane krążki cebulowe..................98
28. Ciasteczka owsiane waflowe..................101
29. Wafelek z lodami Red Velvet..................104
30. Chleb bananowy waflowy..................109
31. Gofrowane S'mores..................113
32. Wafle z maślanką i mąką kukurydzianą..................116
33. Wafle czekoladowe..................119
34. Gofry z gotowanym rabarbarem..................123
35. Gofry sufletowe z trzema serami..................127
36. Wafle maślankowe..................130
37. Belgijskie gofry..................133
38. Wafle wieloziarniste..................136
39. Wafle gryczane..................139
40. Wafle owocowe z syropem klonowym..................142
41. Gofry z polentą i szczypiorkiem..................145
42. Wafle z pikantnym serem..................148
43. Kurczak i gofry..................151
44. Wafle cytrynowe z makiem..................154
45. Gofry z ricottą i malinami..................157
46. Wafle bananowe..................160
47. Wafle czekoladowe..................163
48. Wafle cynamonowo-cukrowe..................166
49. Wafle truskawkowo-kruche..................169

NALEŚNIKI..................172

50. Naleśniki Red Velvet..................173
51. Naleśniki z gorzką czekoladą..................177
52. Naleśniki z ananasem do góry nogami..................182
53. Naleśniki cytrynowe z bezą..................186
54. Naleśniki cynamonowe..................190
55. Naleśniki kefirowe..................195
56. Naleśniki z serem wiejskim..................198
57. Naleśniki owsiane..................201

58. Naleśniki z 3 składników..........204
59. Naleśniki z masłem migdałowym..........207
60. Naleśniki tiramisu..........211
61. Naleśniki cytrynowo-borówkowe..........215
62. Naleśniki z komosą ryżową..........219
63. Greckie naleśniki owsiane z jogurtem..........222
64. Piernikowe naleśniki..........225
65. Naleśniki z jogurtem greckim..........228
66. Naleśniki owsiane z rodzynkami..........231
67. Naleśniki z masłem orzechowym i galaretką..........235
68. Naleśniki z boczkiem..........238
69. Naleśniki z malinami i migdałami..........242
70. Naleśniki z orzechami, bananem i czekoladą..........246
71. Naleśniki waniliowo-kokosowe..........249
72. Naleśniki czekoladowo-kokosowo-migdałowe..........253
73. Naleśniki z truskawkami..........257
74. Naleśniki z masłem orzechowym..........261
75. Meksykańskie naleśniki czekoladowe..........264
76. Niespodzianka urodzinowa w postaci naleśników...267
77. Zielone naleśniki-potwory..........270
78. Naleśniki waniliowo-matchowe..........273
79. Naleśniki z piña colada..........276
80. Naleśniki z wiśniami i migdałami..........279
81. Naleśniki z limonką..........282
82. Naleśniki z dynią i przyprawami korzennymi..........285
83. Naleśniki czekoladowo-bananowe..........288
84. Naleśniki waniliowo-migdałowe..........292
85. Naleśniki z małpkami..........295
86. Naleśniki waniliowe..........298
87. Naleśniki z borówkami i mango..........301
88. Naleśniki mokka..........304
89. Naleśniki z chai..........307
90. Naleśniki z marchewką..........310
91. Naleśniki miodowo-bananowe..........313

92. Naleśniki bananowo-borówkowe..........316
93. Naleśniki z jabłkiem i cynamonem..........319
94. Naleśniki z sernikiem truskawkowym..........322
95. Naleśniki z jagodami..........325
96. Naleśniki truskawkowo-bananowe..........328
97. Naleśniki z brzoskwiniami i śmietaną..........331
98. Naleśniki z chlebem bananowym..........334
99. Naleśniki tropikalne..........337
100. Idealne naleśniki..........341

WNIOSEK..........344

WSTĘP

Dla wielu osób podjęcie decyzji, czy na śniadanie zjeść słodkie naleśniki, czy gofry, może stanowić wyzwanie.

Oczywiście, jako najważniejszy posiłek dnia, wybrane przez Ciebie śniadanie musi dostarczać Ci energii potrzebnej do codziennych czynności.

Naleśniki i gofry to uniwersalne dania, które można jeść z różnymi słodkimi i pikantnymi dodatkami.

Mimo podobnych sposobów spożywania i składników wykorzystywanych do ich przygotowania, naleśniki i gofry różnią się od siebie.

Idealnie ugotowane naleśniki powinny mieć chrupiące brzegi i puszysty środek. Gofry natomiast mają chrupiącą powierzchnię i ciągnący się środek.

Różnią się również widocznie. Naleśniki zawsze mają tendencję do bycia okrągłymi, podczas gdy gofry mogą być okrągłe lub kwadratowe.

Jeśli ciekawi Cię, czym różnią się gofry od naleśników, ta książka jest dla Ciebie!

WAFLE

1. Mufle z jagodami i cynamonem

WYDAJNOŚĆ: Około 16 mufli

Składniki

- 2 szklanki mąki uniwersalnej
- ¼ szklanki cukru granulowanego
- 1 łyżeczka mielonego cynamonu
- ½ łyżeczki soli
- 2 łyżeczki proszku do pieczenia
- 2 szklanki mleka w temperaturze pokojowej
- 8 łyżek (1 kostka) niesolonego masła, roztopionego
- 2 duże jajka
- 1 szklanka mrożonych dzikich jagód
- Spray zapobiegający przywieraniu

Wskazówki

a) Rozgrzej żelazko do średniej temperatury.

b) W średniej wielkości misce wymieszaj mąkę, cukier, cynamon, sól i proszek do pieczenia.

c) W dużej misce wymieszaj mleko, masło i jajka, aż składniki dokładnie się połączą.

d) Dodaj suche składniki do mieszanki mlecznej i mieszaj, aż się połączą.

e) Dodaj jagody i delikatnie wymieszaj, aby równomiernie je rozprowadzić.

f) Posmaruj obie strony rusztu gofrownicy sprayem zapobiegającym przywieraniu i wlej około $\frac{1}{4}$ szklanki mieszanki do każdej sekcji gofrownicy. Zamknij pokrywę i piecz przez 4 minuty lub do uzyskania złotego koloru.

g) Wyjmij mufle z gofrownicy i pozwól im lekko ostygnąć na kratce. Powtórz krok 6 z pozostałym ciastem.

h) Podawać na ciepło.

2. Gofrowana szynka i roztopiony ser

WYDAJNOŚĆ: Porcja dla 1 osoby

Składniki

- 1 łyżka niesolonego masła w temperaturze pokojowej
- 2 kromki chleba kanapkowego
- 2 uncje sera Gruyère, pokrojonego w plasterki
- 3 uncje szynki szwarcwaldzkiej pokrojonej w plastry
- 1 łyżka masła klonowego

Wskazówki

a) Rozgrzej żelazko do gofrów na niską temperaturę.

b) Posmaruj cienką, równą warstwą masła jedną stronę każdego kawałka chleba.

c) Na nieposmarowaną masłem stronę kromki chleba połóż ser i szynkę, a następnie włóż kanapkę do gofrownicy tak daleko od zawiasu, jak to możliwe.

d) Połóż drugą kromkę chleba na wierzchu, posmarowaną stroną do góry i zamknij gofrownicę.

e) Sprawdź kanapkę po 3 minutach. W połowie pieczenia może być konieczne obrócenie kanapki o 180 stopni, aby zapewnić równomierne ciśnienie i gotowanie.

f) Jeśli chcesz, możesz lekko nacisnąć pokrywę gofrownicy, aby zbić kanapkę, ale rób to ostrożnie — pokrywa może być bardzo gorąca. Wyjmij kanapkę z gofrownicy, gdy chleb będzie złocistobrązowy, a ser roztopiony.

g) Rozsmaruj masło klonowe na zewnątrz kanapki. Przekrój na pół po skosie i podawaj.

3. Gofrowane ziemniaki z rozmarynem

WYDAJNOŚĆ: Porcja dla 2 osób

Składniki

- 1 ziemniak rdzawy (do pieczenia), około 10 uncji, obrany i pokrojony w paski
- ½ łyżeczki drobno posiekanego świeżego rozmarynu lub 1 łyżeczka suszonego rozmarynu
- ¼ łyżeczki soli
- ½ łyżeczki świeżo zmielonego czarnego pieprzu
- 1 łyżeczka niesolonego masła, roztopionego
- Starty ser, śmietana lub ketchup do podania

Wskazówki

a) Rozgrzej żelazko do średniej temperatury.

b) Wyciśnij startego ziemniaka ręcznikiem, aż będzie tak suchy, jak to tylko możliwe.

c) W misce wymieszaj starte ziemniaki, rozmaryn, sól i pieprz.

d) Za pomocą silikonowego pędzelka posmaruj masłem obie strony gofrownicy.

e) Włóż starte ziemniaki do gofrownicy (napełnij ją trochę więcej), a następnie zamknij pokrywę.

f) Po 2 minutach naciśnij lekko pokrywkę, aby jeszcze bardziej ścisnąć ziemniaki.

g) Sprawdź ziemniaki po 10 minutach. Powinny zacząć się lekko złocić w niektórych miejscach.

h) Gdy ziemniaki nabiorą złotego koloru (po 1-2 minutach) ostrożnie wyjmij je z gofrownicy.

i) Podawać z startym serem, śmietaną lub keczupem.

4. Quesadillas z goframi w zielonym chili

WYDAJNOŚĆ: Wystarczy na 2 quesadillas

Składniki

- Spray zapobiegający przywieraniu
- 4 tortille mączne
- 1 szklanka startego sera w stylu meksykańskim, np. queso Chihuahua lub Monterey Jack
- $\frac{1}{4}$ szklanki posiekanych zielonych papryczek chili z puszki

Wskazówki

a) Rozgrzej żelazko do gofrów na średnią temperaturę. Posmaruj obie strony rusztu gofrownicy sprayem zapobiegającym przywieraniu.

b) Połóż tortillę na gofrownicy i uważając, ponieważ gofrownica jest gorąca, rozłóż połowę sera i połowę zielonych papryczek chili równomiernie na tortilli, pozostawiając margines około cala wokół krawędzi tortilli. Przykryj drugą tortillą i zamknij gofrownicę.

c) Sprawdź quesadillę po 3 minutach. Gdy ser się rozpuści, a tortilla będzie miała złocistobrązowe ślady gofrów, jest gotowa. Wyjmij quesadillę z gofrownicy.

5. Kanapka Kubańska z Goframi

WYDAJNOŚĆ: Porcja dla 2 osób

Składniki

- 1 chrupiąca bułka lub pojedynczy bochenek ciabatty
- 1 łyżka żółtej musztardy
- 3 uncje gotowanej szynki pokrojonej w cienkie plasterki
- 3 uncje gotowanej polędwicy wieprzowej pokrojonej w cienkie plasterki
- 3 uncje sera szwajcarskiego pokrojonego w cienkie plasterki
- 2 ogórki kiszone pokrojone wzdłuż na cienkie plasterki

Wskazówki

a) Rozgrzej żelazko do gofrów na niską temperaturę.

b) Podziel chleb na górną i dolną połowę, wydrąż go trochę, aby zrobić miejsce na mięso i rozsmaruj musztardę na obu kromkach. Złóż szynkę, polędwicę wieprzową, ser i ogórki między kromkami chleba.

c) Dociśnij kanapkę, aby ją nieco zbić, i umieść ją w gofrownicy, jak najdalej od zawiasu.

d) Zamknij pokrywę gofrownicy i piecz przez 5 minut. W połowie pieczenia może być konieczne obrócenie kanapki o 180 stopni, aby zapewnić równomierne naciskanie i pieczenie. Jeśli chcesz, możesz lekko nacisnąć pokrywę gofrownicy, aby ubić kanapkę, ale rób to ostrożnie — pokrywka może być bardzo gorąca.

e) Wyjmij kanapkę z gofrownicy, gdy ser będzie całkowicie roztopiony. Przekrój kanapkę na pół lub po skosie i podawaj.

6. Gofrowane Croque Madame

WYDAJNOŚĆ: Porcja dla 6 osób

Składniki

- 1 kawałek ciasta rogalikowego lub ciasta brioszkowego
- 1 łyżka niesolonego masła, roztopionego
- 3 łyżki sosu beszamelowego
- 2 plasterki szynki szwarcwaldzkiej
- ¼ szklanki startego sera Gruyère
- 1 duże jajko

Wskazówki

a) Rozgrzej żelazko do średniej temperatury.

b) Przekrój klin ciasta na pół, aby uzyskać dwa trójkąty. Uformuj trójkąty w kwadrat o boku 4 do 5 cali i delikatnie dociśnij brzegi.

c) Za pomocą silikonowego pędzelka posmaruj obie strony jednej części gofrownicy roztopionym masłem, połóż ciasto na tej części gofrownicy, zamknij pokrywę i piecz ciasto, aż stanie się złocistobrązowe, około 3 minuty.

d) Wyjmij ciasto z gofrownicy i przełóż na deskę do krojenia lub talerz.

e) Wlej sos beszamelowy na ciasto waflowe. (Sos będzie się zbierał głównie w zagłębieniach.) Następnie ułóż szynkę na wierzchu. Posyp startym serem na wierzchu. Umieść złożony stos w gofrownicy i zamknij pokrywę na 10 sekund, aby ser się rozpuścił i warstwy się połączyły. Wyjmij stos z gofrownicy.

f) Wbij jajko do małego kubka lub foremki. Dzięki temu będziesz mieć kontrolę nad tym, jak jajko wyląduje na gofrownicy. Posmaruj pozostałym roztopionym masłem dolną kratkę jednej sekcji gofrownicy i wlej jajko na tę sekcję. Smaż, nie zamykając pokrywy, aż białko się zetnie, około 1 minuty, i kontynuuj smażenie, aż żółtko się trochę zetnie, 1 lub 2 minuty.

g) Aby wyjąć jajko w całości, użyj szpatułki offsetowej lub pary silikonowych szpatułek odpornych na ciepło, aby wyciągnąć je z kratki gofrownicy. Najpierw poluzuj krawędzie, a następnie podnieś jajko, podpierając je od dołu tak bardzo, jak to możliwe.

h) Posmaruj kanapkę jajkiem i podawaj na gorąco.

7. Klasyczny burger gofrowy z serem

WYDAJNOŚĆ: 4 porcje

Składniki

- Spray zapobiegający przywieraniu
- 1 funt mielonej wołowiny
- $\frac{1}{2}$ łyżeczki soli
- 1 łyżeczka świeżo zmielonego czarnego pieprzu
- 4 plasterki sera amerykańskiego, cheddar lub gruyère (opcjonalnie)
- 4 bułki do hamburgerów kupione w sklepie lub zrobione w domu
- Ketchup, musztarda, sałata, pomidor i ogórki kiszone do podania

Wskazówki

a) Rozgrzej żelazko do gofrów na średnią temperaturę. Posmaruj obie strony rusztu gofrownicy sprayem zapobiegającym przywieraniu.

b) Dopraw wołowinę solą i pieprzem i uformuj z niej 4 kotlety, każdy o kształcie bułki.

c) Umieść w gofrownicy tyle kotletów, ile się zmieści, zamknij pokrywę i piecz, aż wołowina osiągnie temperaturę wewnętrzną 160°F (wskazaną na termometrze do natychmiastowego odczytu), co zajmie 3 minuty.

d) Gdy kotlety się upieką, wyjmij je z gofrownicy. Jeśli chcesz burgera gofrowego z serem, zostaw kotlet w gofrownicy, posyp serem i zamknij pokrywę, aby gofrować bardzo krótko — około 5 sekund.

e) Powtórz kroki 3 i 4 z pozostałymi kotletami.

f) Podawać w bułce z ketchupem, musztardą, sałatą, pomidorem i ogórkami kiszonymi.

8. Gofrowane pieczarki Portobello

WYDAJNOŚĆ: Porcja dla 1 osoby

Składniki

- $\frac{1}{4}$ szklanki oliwy z oliwek extra vergine
- $\frac{1}{4}$ szklanki oleju o neutralnym smaku, np. rzepakowego
- 1 łyżka włoskich ziół (lub po 1 łyżeczce suszonego rozmarynu, suszonej bazylii i suszonego oregano)
- $\frac{1}{4}$ łyżeczki soli
- $\frac{1}{4}$ łyżeczki świeżo zmielonego czarnego pieprzu
- 2 pieczarki portobello, z odłamanymi trzonkami i wyrzucone

Wskazówki

1. W płytkiej misce lub głębokim naczyniu wymieszaj oleje, zioła, sól i pieprz. Mieszaj, aby równomiernie rozprowadzić zioła.
2. Aby przygotować grzyby, wyjmij blaszki łyżką i przetrzyj kapelusz grzyba wilgotnym ręcznikiem papierowym, aby usunąć wszelkie zanieczyszczenia.
3. Kapelusze pieczarek zanurz w mieszance oleju i marynuj przez co najmniej 30 minut, przewracając je mniej więcej w połowie marynowania.
4. Rozgrzej żelazko do średniej temperatury.
5. Umieść pieczarki kapeluszami do góry w gofrownicy i zamknij pokrywę.
6. Sprawdź grzyby po 5 minutach. Kapelusze powinny być miękkie i ugotowane. Wyjmij grzyby z gofrownicy i podawaj.

9. Gofrowany Polędwica Mignon

WYDAJNOŚĆ: Porcja dla 2 osób

Składniki

- 2 łyżeczki grubej soli morskiej lub soli koszernej
- 2 łyżeczki świeżo zmielonego czarnego pieprzu
- 8 uncji polędwicy wołowej o grubości około 1½ cala
- Spray zapobiegający przywieraniu

Wskazówki

a) Rozgrzej żelazko do wysokiej temperatury.
b) Wysyp sól i pieprz na talerz, wymieszaj, aby składniki równomiernie się rozprowadziły, a następnie posmaruj mieszanką stek z obu stron.
c) Posmaruj obie strony rusztu gofrownicy sprayem zapobiegającym przywieraniu. Połóż stek na gofrownicy tak daleko od zawiasu, jak to możliwe. (Dzięki temu pokrywka będzie równomierniej dociskać mięso.) Zamknij pokrywkę i gotuj przez 8 minut.
d) Jeśli masz termometr do natychmiastowego odczytu, sprawdź temperaturę steka po 8 minutach. W przypadku steka średnio wysmażonego temperatura powinna wynosić 140°F. (Temperatura 130°F da ci stek średnio wysmażony; 155°F to stek dobrze wysmażony.)
e) Wyjmij stek i połóż go na desce do krojenia. Pozostaw gofrownicę włączoną, na wypadek gdybyś musiał trochę dłużej smażyć stek.
f) Pozostaw stek na kilka minut, zanim przekroisz go na pół i sprawdzisz, czy jest

wysmażony. Jeśli jest gotowy, wyłącz gofrownicę i podaj.
g) Jeśli wolisz mniej krwisty, włóż go z powrotem do gofrownicy i sprawdź po kolejnej minucie. Przed podaniem odstaw stek jeszcze raz.

10. Tosty francuskie z nadzieniem czekoladowym

WYDAJNOŚĆ: Porcja dla 2 osób

Składniki

- 2 duże jajka
- ½ szklanki mleka
- ¼ łyżeczki czystego ekstraktu waniliowego
- Szczypta soli
- 4 kromki chleba
- Spray zapobiegający przywieraniu
- ½ szklanki kawałków czekolady
- 1 łyżka ubitego masła
- Cukier puder, do smaku

Wskazówki

a) Rozgrzej żelazko do gofrów na wysoką temperaturę. Rozgrzej piekarnik na najniższą temperaturę.

b) W tortownicy lub głębokim naczyniu wymieszaj trzepaczką jajka, mleko, wanilię i sól.

c) Umieść 2 kromki chleba w mieszance jajecznej i mocz je, aż wchłoną część płynu, 30 sekund. Obróć kromki i mocz je przez kolejne 30 sekund.

d) Posmaruj obie strony rusztu gofrownicy sprayem zapobiegającym przywieraniu. Połóż kromkę namoczonego chleba na gofrownicy i nałóż na nią nieco mniej niż połowę kawałków czekolady. Przykryj drugą kromką namoczonego chleba, zamknij gofrownicę i piecz, aż chleb będzie złocistobrązowy, a czekolada się rozpuści, 3 do 4 minut. Nie powinno być śladu surowej mieszanki jajecznej.

e) Wyjmij tosty francuskie z gofrownicy i powtórz kroki 3 i 4, aby przygotować drugą partię. Umieść gotowe tosty francuskie w piekarniku, aby utrzymać je w cieple.

f) Pokrój tosty francuskie na ćwiartki. Otwórz „kieszonkę" w każdej ćwiartce i włóż do niej pozostałe kawałki czekolady. Resztkowe ciepło rozpuści czekoladę.

g) Przed podaniem posmaruj każdą porcję ubitym masłem i oprósz cukrem pudrem.

11. Spaghetti i klopsiki gofrowane

WYDAJNOŚĆ: 4 porcje

Składniki

Sos marinara i makaron:
- 4 ząbki czosnku, nieobrane
- 2 łyżki oliwy z oliwek extra vergine i więcej do podania
- 2 puszki (po 28 uncji każda) całych pomidorów śliwkowych
- ¼ łyżeczki płatków czerwonej papryki
- Sól i świeżo zmielony czarny pieprz do smaku
- 12 uncji spaghetti

Klopsiki gofrowane:
- 1 funt chudej mielonej wołowiny lub indyka
- 10 uncji mrożonego siekanego szpinaku, rozmrożonego i odciśniętego
- 1 duże jajko, lekko ubite
- ¼ szklanki zwykłej bułki tartej
- ¼ szklanki drobno posiekanej cebuli
- ¼ szklanki startego parmezanu i więcej do podania
- 2 ząbki czosnku, drobno posiekane
- ½ łyżeczki soli
- Spray zapobiegający przywieraniu

Wskazówki

a) Przygotuj sos marinara: Przekrój każdy ząbek czosnku na pół i spłaszcz go płaską stroną ostrza noża, naciskając dłonią, aby zgnieść czosnek. Usuń skórkę czosnku. (Powinna łatwo odchodzić.)

b) Umieść 2 łyżki oliwy z oliwek i zmiażdżone ząbki czosnku w dużym rondlu na średnio-niskim ogniu. Gotuj, aż czosnek będzie pachnący i zacznie się złocić, około 3 minut.

c) Podczas gotowania czosnku, częściowo odcedź pomidory, zlewając tylko płyn z górnej części puszki. Za pomocą widelca lub nożyczek kuchennych rozdrobnij pomidory w puszce na duże, nierówne kawałki.

d) Dodaj pomidory i płatki czerwonej papryki do rondla. Uważaj, żeby nie chlapać, gdy pomidory zetkną się z gorącym olejem.

e) Gotuj na średnim ogniu, aż sos zacznie bulgotać, około 5 minut. Gotuj na średnio-niskim ogniu, mieszając od czasu do czasu, aż pomidory się rozpadną, 45 minut. Powinieneś otrzymać gęsty, nieco grudkowaty sos. Spróbuj i dopraw solą i pieprzem.

f) Przygotowanie makaronu: Zagotuj duży garnek wody na dużym ogniu.

g) Rozgrzej żelazko do gofrów na średnią temperaturę. Rozgrzej piekarnik na najniższą temperaturę.
h) Podczas gdy sos się gotuje, a woda na makaron się zagotuje, przygotuj klopsiki. W dużej misce wymieszaj wszystkie składniki klopsików, oprócz sprayu do smażenia, i dobrze wymieszaj.
i) Uformuj z masy 16 kulek i połóż je na desce do krojenia pokrytej papierem woskowanym lub pergaminowym.
j) Dodaj spaghetti do wrzącej wody i gotuj zgodnie z instrukcją na opakowaniu. Odcedź i trzymaj w cieple.
k) Posmaruj obie strony rusztu gofrownicy sprayem zapobiegającym przywieraniu. Umieść na gofrownicy tyle klopsików, ile się zmieści, pozostawiając trochę miejsca na ich rozrost po spłaszczeniu.
l) Zamknij pokrywkę i gotuj, aż klopsiki zbrązowieją na zewnątrz i będą ugotowane, 6 minut. Być może będziesz musiał pokroić jednego, aby upewnić się, że nie pozostaną żadne ślady różu. Jeśli masz termometr do natychmiastowego odczytu, wołowina powinna mieć co najmniej 160°F, a indyk co najmniej 165°F.
m) Wyjmij klopsiki z gofrownicy. Powtórz kroki 11 i 12, aby upiec pozostałe klopsiki.

Jeśli pozostałe składniki nie są jeszcze gotowe, trzymaj klopsiki w cieple w rozgrzanym piekarniku.

n) Podaj hojną porcję makaronu z 4 gofrowanymi klopsikami, skropione sosem. Skrop oliwą z oliwek extra vergine i oprósz parmezanem. Podaj dodatkowy sos przy stole.

12. Makaron z serem w waflach

WYDAJNOŚĆ: 8 porcji

Składniki

- Makaron z serem przygotowany
- 2 duże jajka
- Szczypta soli i świeżo zmielonego czarnego pieprzu
- 1 szklanka mąki uniwersalnej
- 1 szklanka doprawionej bułki tartej
- $\frac{1}{4}$ szklanki startego twardego sera, np. parmezanu lub pecorino romano
- Spray zapobiegający przywieraniu

Wskazówki

a) Pokrój makaron z serem na plasterki o grubości około $\frac{1}{2}$ cala.
b) Rozgrzej żelazko do gofrów na średnią temperaturę. Rozgrzej piekarnik na najniższą temperaturę.
c) W małej misce roztrzep jajko ze szczyptą soli i pieprzu.
d) Przygotuj 3 płytkie miski. Odmierz mąkę do pierwszej. W drugiej misce umieść ubite jajka. W trzeciej wymieszaj bułkę tartą z serem.

e) Weź plaster makaronu z serem i delikatnie obtocz go z obu stron w mące. Następnie zanurz obie strony w jajku. Na koniec obtocz obie strony w bułce tartej, dociskając mieszankę, aby się przykleiła. Odłóż plaster i powtórz z pozostałymi plasterkami.
f) Posmaruj obie strony rusztu gofrownicy sprayem zapobiegającym przywieraniu. Umieść makaron z serem w gofrownicy, zamknij pokrywę i piecz, aż będą dobrze podgrzane i złocistobrązowe, 3 minuty.
g) Proces ekstrakcji może być trudny. Za pomocą silikonowej szpatułki poluzuj brzegi makaronu z serem. Za pomocą szpatułki delikatnie podważ makaron z serem w gofrownicy, a następnie podeprzyj spód szpatułką, podnosząc go szczypcami.
h) Powtarzaj kroki od 5 do 7, aż cały makaron z serem zostanie zmiksowany. Gotowy makaron z serem trzymaj w piekarniku w cieple.

13. Wavioli z serem tostowym

WYDAJNOŚĆ: Porcja dla 2 osób

Składniki

- ½ szklanki mleka
- 1 duże jajko
- 1 łyżka oliwy z oliwek extra vergine
- 1 szklanka doprawionej bułki tartej
- ½ łyżeczki soli
- ½ łyżeczki czosnku w proszku
- ½ funta ravioli z serem, schłodzonego
- Spray zapobiegający przywieraniu
- 1 szklanka sosu marinara

Wskazówki

a) Rozgrzej żelazko do gofrów na średnią temperaturę. Przykryj blachę do pieczenia woskiem lub papierem pergaminowym i odstaw. Rozgrzej piekarnik na najniższym ustawieniu.

b) W małej misce wymieszaj trzepaczką mleko, jajko i oliwę z oliwek.

c) W osobnej małej misce wymieszaj bułkę tartą, sól i czosnek w proszku.

d) Zanurz ravioli najpierw w mieszance mlecznej, pokrywając obie strony, a następnie zanurz w mieszance bułki tartej, dociskając mieszankę, aby się przykleiła. Umieść pokryte ravioli na przygotowanej blasze do pieczenia.

e) Posmaruj obie strony rusztu gofrownicy sprayem zapobiegającym przywieraniu. Podgrzej sos marinara w małym rondelku na średnim ogniu lub w kuchence mikrofalowej przez 1 minutę.

f) Umieść w gofrownicy tyle ravioli, ile się zmieści, zamknij pokrywę i piecz przez 2 minuty, lub do momentu, aż będą chrupiące i zrumienione.

g) Wyjmij ravioli z gofrownicy i powtórz krok 6 z pozostałymi ravioli. Gotowe ravioli trzymaj w piekarniku w cieple.

h) Podawać z sosem marinara do maczania.

14. Gnocchi z gofrowanymi słodkimi ziemniakami

Wystarczy na około 60 gnocchi

Składniki

- 1 duży ziemniak do pieczenia (np. russet) i 1 duży słodki ziemniak (łącznie około 1½ funta)
- 1¼ szklanki mąki uniwersalnej, plus dodatkowa porcja do oprószenia powierzchni roboczej
- ½ szklanki startego parmezanu
- 1 łyżeczka soli
- ½ łyżeczki świeżo zmielonego czarnego pieprzu
- Szczypta startej gałki muszkatołowej (opcjonalnie)
- 1 duże jajko, ubite
- Spray zapobiegający przywieraniu lub roztopione masło
- Pesto lub gofrowany sos maślano-szałwiowy

Wskazówki

a) Rozgrzej piekarnik do temperatury 175°C.

b) Piecz ziemniaki, aż będą łatwo przebijane widelcem, około godziny. Odstaw ziemniaki do lekkiego ostygnięcia, a następnie obierz je.

c) Ziemniaki zmiksuj w maszynce do mięsa lub prasce, albo zetrzyj na tarce o dużych oczkach i wrzuć do dużej miski.

d) Dodaj $1\frac{1}{4}$ szklanki mąki do ziemniaków i wymieszaj je rękami, rozbijając grudki ziemniaków. Posyp ciasto serem, solą, pieprzem i gałką muszkatołową i lekko ugniataj, aby równomiernie rozprowadzić.

e) Gdy mąka i ziemniaki zostaną połączone, zrób dołek w środku miski i dodaj roztrzepane jajko. Używając palców, wcieraj jajko w ciasto, aż zacznie się łączyć. Będzie lekko klejące.

f) Na lekko posypanej mąką powierzchni delikatnie zagniataj ciasto kilka razy, aby je połączyć. Powinno być wilgotne, ale nie mokre i klejące. Jeśli jest zbyt klejące, dodawaj 1 łyżkę mąki na raz, do

$\frac{1}{4}$ szklanki. Rozwałkuj ciasto w rulon i pokrój na 4 części.

g) Z każdego kawałka uformuj wałek o średnicy mniej więcej równej średnicy kciuka, a następnie ostrym nożem pokrój go na kawałki o długości 2,5 cm.

h) Rozgrzej żelazko do gofrów na średnią temperaturę. Posmaruj obie strony rusztu gofrownicy sprayem zapobiegającym przywieraniu lub posmaruj ruszty silikonowym pędzelkiem do ciasta. Zmniejsz temperaturę piekarnika do najniższej i odstaw blachę do pieczenia, aby utrzymać gotowe gnocchi w cieple.

i) Delikatnie strząśnij resztki mąki z gnocchi i połóż je na gofrownicy, pozostawiając trochę miejsca, aby mogły wyrosnąć.

j) Zamknij pokrywkę i gotuj, aż ślady na kratce na gnocchi będą złocistobrązowe, 2 minuty. Powtórz z pozostałymi gnocchi, utrzymując ciepłe gnocchi na blasze do pieczenia w piekarniku.

k) Podawać na gorąco z sosem pesto lub gofrowanym sosem maślanym z szałwią.

15. Pierogi z prasą ziemniaczaną i serem

WYDAJNOŚĆ: 4 porcje

Składniki

Ciasto:
- 2¼ szklanki mąki uniwersalnej, plus więcej do oprószenia powierzchni roboczej w razie potrzeby
- ½ łyżeczki soli
- 2 duże jajka
- ⅓ szklanki wody lub więcej, jeśli to konieczne

Pożywny:
- 1 funt ziemniaków rdzawych (do pieczenia), obranych i pokrojonych w kostkę o wymiarach 1 cala
- ½ szklanki startego sera cheddar
- 2 łyżki niesolonego masła
- 1 łyżeczka soli
- 1 łyżeczka świeżo zmielonego czarnego pieprzu
- Spray zapobiegający przywieraniu

Wskazówki

a) Przygotuj ciasto: w dużej misce wymieszaj $2\frac{1}{4}$ szklanki mąki i sól.

b) W małej misce ubij jajka i ⅓ szklanki wody. Dodaj jajka do mieszanki mąki i mieszaj ciasto drewnianą łyżką lub rękami, aż będzie można uformować z niego kulkę.

c) Owiń kulkę ciasta folią spożywczą i włóż ją do lodówki na 30 minut.

d) W międzyczasie przygotuj farsz: Umieść ziemniaki w średniej wielkości garnku, zalej je zimną wodą i doprowadź do wrzenia pod przykryciem na średnio-wysokim ogniu. Gdy woda się zagotuje, zdejmij pokrywkę i gotuj ziemniaki na małym ogniu, aż będą miękkie i łatwe do przebicia nożem, około 10 minut. Odcedź ziemniaki w durszlaku.

e) Przenieś ziemniaki do dużej miski i rozgnieć je razem z pokruszonym serem, masłem, solą i pieprzem. Pozostaw mieszankę do ostygnięcia do temperatury pokojowej.

f) Posyp stolnicę hojnie mąką i uformuj schłodzone ciasto w wałek o długości około 60 cm.

g) Podziel ciasto na 24 równe części i z każdej uformuj kulkę.

h) Spłaszcz kulkę ciasta ręką. Za pomocą wałka rozwałkuj ciasto na nierówny okrąg i zrób tak cienkie, jak to możliwe, ale łatwe do obróbki. Umieść czubatą łyżeczkę nadzienia na środku, pozostawiając brzeg nie szerszy niż $\frac{1}{2}$ cala. Złóż pierogi na pół i zaciśnij brzegi widelcem.

i) Gotowe pierogi połóż na posypanej mąką powierzchni, przykryj folią spożywczą lub czystym, niestrzępiącym się ręcznikiem i powtórz tę czynność z resztą ciasta i nadzienia.

j) Rozgrzej żelazko do gofrów na średnią temperaturę. Rozgrzej piekarnik na najniższą temperaturę.

k) Posmaruj obie strony rusztu gofrownicy sprayem zapobiegającym przywieraniu, umieść w nim tyle pierogów, ile się zmieści, i zamknij pokrywę.

l) 1Gotować, aż ciasto będzie upieczone, a pierogi lekko złocistobrązowe, 3 minuty. Wyjąć upieczone pierogi.

16. Falafel waflowy i hummus

WYDAJNOŚĆ: 4 porcje

Składniki

- 1 szklanka suszonej ciecierzycy, obranej i namoczonej w wodzie na noc w lodówce
- ½ małej cebuli, grubo posiekanej
- 3 ząbki czosnku
- ¼ szklanki posiekanej świeżej pietruszki liściastej
- 2 łyżki oliwy z oliwek extra vergine
- 2 łyżki mąki uniwersalnej
- 1 łyżeczka soli
- 1 łyżeczka mielonego kminu
- ½ łyżeczki mielonej kolendry
- ¼ łyżeczki proszku do pieczenia
- ¼ łyżeczki świeżo zmielonego czarnego pieprzu
- ¼ łyżeczki pieprzu cayenne
- Spray zapobiegający przywieraniu
- Idealnie Gładki Hummus
- Chleb pita 4 kieszonki

Wskazówki

a) Rozgrzej żelazko do gofrów na średnią temperaturę. Rozgrzej piekarnik na najniższą temperaturę.

b) Odcedź namoczoną ciecierzycę i umieść ją wraz z cebulą i czosnkiem w robocie kuchennym. Miksuj, aż się połączą, ale nie zmiksują.

c) Dodaj pietruszkę, oliwę z oliwek, mąkę, sól, kminek, kolendrę, proszek do pieczenia, czarny pieprz i pieprz cayenne i miksuj, aż do uzyskania gładkiej masy.

d) Posmaruj obie strony rusztu gofrownicy sprayem zapobiegającym przywieraniu. Na każdą fawaffę włóż około $\frac{1}{4}$ szklanki ciasta do gofrownicy, pozostawiając trochę miejsca między łyżką, aby każda mogła się rozszerzyć.

e) Zamknij pokrywę gofrownicy i piecz przez 5 minut przed sprawdzeniem. Wyjmij fawaffle, gdy będą upieczone i równomiernie zrumienione.

f) Powtórz kroki 4 i 5 z pozostałym ciastem.

g) Utrzymaj gotowe fawaffle w cieple w piekarniku. Podawaj je z hummusem i chlebem pita.

17. Sałatka nicejska z gofrowanym tuńczykiem

WYDAJNOŚĆ: Porcja dla 2 osób

Składniki

- 2 duże jajka
- ½ szklanki zielonej fasolki z przyciętymi końcówkami
- 4 młode ziemniaki, przekrojone na pół
- Sól
- Spray zapobiegający przywieraniu
- 1 świeży stek z tuńczyka (około 8 uncji)
- 3 szklanki umytej sałaty
- ¼ szklanki czarnych oliwek bez pestek lub w całości pokrojonych w plasterki, np. nicejskich lub kalamata
- ½ szklanki całych lub przekrojonych na połówki pomidorków koktajlowych lub winogronowych
- Świeżo zmielony czarny pieprz, do smaku
- Sos winegret z musztardą Dijon

Wskazówki

a) Ugotuj jajka: Umieść jajka w małym rondelku i napełnij go wodą w dwóch trzecich. Zagotuj wodę na średnio-wysokim ogniu, a następnie wyłącz ogień, zdejmij rondel z palnika i przykryj go. Odstaw na 10 minut. Zalej jajka zimną wodą na minutę, aby je ostudzić, i odstaw.

b) Zblanszować zieloną fasolkę: Zagotować w małym rondelku osoloną wodę i zanurzyć w niej zieloną fasolkę na 30 sekund. Wyjąć ją i umieścić w kąpieli wodnej z lodem, aby zatrzymać gotowanie. Wyjąć zieloną fasolkę z lodowatej wody po 1 minucie i odstawić.

c) Ugotuj ziemniaki: Umieść ziemniaki w małym rondlu i zalej przynajmniej calem wody. Dodaj sporą szczyptę soli do wody i doprowadź do wrzenia na średnio-wysokim ogniu. Gdy woda się zagotuje, zmniejsz ogień do małego i gotuj ziemniaki przez 10 minut. Będą gotowe, gdy będzie można je delikatnie przebić nożem. Wyjmij ziemniaki, odcedź je w durszlaku i pozostaw do ostygnięcia.

d) Rozgrzej żelazko do gofrów na wysokim poziomie. Posmaruj obie strony rusztu gofrownicy sprayem zapobiegającym przywieraniu.

e) Umieść stek z tuńczyka na gofrownicy tak daleko od zawiasu, jak to możliwe. (Dzięki temu pokrywka będzie mogła równomiernie dociskać tuńczyka.) Zamknij pokrywę.

f) Podczas gdy tuńczyk się gotuje, rozłóż warstwę sałaty na dużym talerzu do serwowania. Obierz jajka, pokrój je w plasterki lub ćwiartki i ułóż na sałacie. Równomiernie rozłóż zieloną fasolkę, ziemniaki, oliwki i pomidory na sałatce.

g) Sprawdź tuńczyka. Po 6 minutach stek o grubości ¾ cala powinien być upieczony. Na zewnątrz nie powinno być różu. Możesz przekroić tuńczyka na pół, aby sprawdzić, czy w środku pozostał róż. Różowy odcień może być w porządku, chociaż możesz preferować tuńczyka bardziej wysmażonego. (USDA zaleca, aby osiągnął temperaturę 145°F na termometrze do natychmiastowego odczytu; ja lubię mój około 125°F.)

h) Wyjmij tuńczyka z gofrownicy i pokrój go na plasterki o grubości około ½ cala. Ułóż plasterki na sałatce, tak aby ślady po gofrach były skierowane do góry.

i) Posyp sałatkę solą i pieprzem. Dopraw sałatkę oszczędnie. Resztę sosu podaj przy stole.

18. Krabowe placki w kratkę

WYDAJNOŚĆ: Wystarczy na 4 kotlety krabowe

Składniki

- 1 duże jajko, roztrzepane ze szczyptą soli
- Szczypta pieprzu cayenne lub proszku curry
- ½ łyżeczki świeżo zmielonego czarnego pieprzu lub pieprzu cytrynowego
- 1½ szklanki kawałków kraba (około 10 uncji)
- ½ szklanki zwykłej bułki tartej
- ¼ szklanki drobno posiekanej zielonej papryki
- 1 łyżka posiekanej szalotki
- Spray zapobiegający przywieraniu do potraw
- 1 cytryna pokrojona w plasterki do dekoracji
- ¼ szklanki majonezu Sriracha do podania

Wskazówki

a) Rozgrzej żelazko do gofrów na wysoką temperaturę. Rozgrzej piekarnik na najniższą temperaturę.

b) W małej misce wymieszaj jajko, pieprz cayenne i czarny pieprz. Odstaw.

c) W średniej wielkości misce delikatnie wymieszaj kraba, bułkę tartą, paprykę i posiekaną szalotkę. Dodaj mieszankę jajeczną, delikatnie mieszając, aby równomiernie połączyć ją z suchymi składnikami.

d) Posmaruj obie strony rusztu gofrownicy sprayem zapobiegającym przywieraniu. Za pomocą miarki nabierz $\frac{1}{2}$ szklanki mieszanki i umieść ją w gofrownicy.

e) Zamknij pokrywkę i gotuj, aż bułka tarta będzie złocistobrązowa i nie będzie w niej żadnego płynu, około 3 minuty.

f) Wyjmij placek krabowy z gofrownicy, spryskaj go plasterkiem cytryny i użyj pozostałych plasterków jako dekoracji.

g) Powtórz kroki 4 i 5, aby zrobić pozostałe 3 krabowe kotleciki. Utrzymaj gotowe krabowe kotleciki w cieple w piekarniku.

h) Nałóż łyżkę majonezu Sriracha na każdy kotlecik krabowy i podawaj.

19. Krab o miękkiej skorupie w waflach

WYDAJNOŚĆ: Porcja dla 2 osób

Składniki

- $\frac{1}{2}$ szklanki mąki uniwersalnej
- 1 łyżeczka mieszanki przypraw do owoców morza, np. Old Bay
- 2 miękkie kraby, oczyszczone („wyprawione")
- 2 łyżki niesolonego masła, roztopionego

Wskazówki

a) Rozgrzej żelazko do wysokiej temperatury.

b) W płytkiej misce lub głębokim naczyniu, np. tortownicy, wymieszaj mąkę z mieszanką przypraw.

c) Osusz kraba papierowymi ręcznikami. Obtocz kraba w mące, strząśnij nadmiar mąki z talerza i odłóż panierowanego kraba na desce do krojenia.

d) Za pomocą silikonowego pędzelka posmaruj obie strony rusztu gofrownicy roztopionym masłem.

e) Połóż panierowanego kraba na gofrownicy, zamknij pokrywę i piecz przez 3 minuty. Panierka powinna nabrać złocistobrązowego koloru.

20. Gofrowane ciasto tamale

WYDAJNOŚĆ: 4 porcje

Składniki

Byczy:
- 1 łyżka oliwy z oliwek extra vergine
- 1 duża cebula, drobno posiekana
- 1 funt mielonego indyka lub wołowiny
- 1 papryczka jalapeño, posiekana (usuń pestki, aby zmniejszyć ostrość)
- 1 łyżeczka mielonego kminu
- 1 puszka (15 uncji) pomidorów w puszce
- Sól i świeżo zmielony czarny pieprz do smaku

Skorupa:
- 1½ szklanki mąki pszennej
- 1 łyżeczka soli
- 1 łyżeczka proszku do pieczenia
- ¼ łyżeczki świeżo zmielonego czarnego pieprzu
- 1 szklanka mleka
- 4 łyżki (½ kostki) niesolonego masła, roztopionego
- 1 duże jajko, ubite
- Spray zapobiegający przywieraniu
- 1 szklanka startego ostrego sera cheddar

Wskazówki

a) Przygotuj polewę: wlej oliwę z oliwek do dużej patelni i dodaj cebulę. Smaż na średnim ogniu, aż cebula zacznie się rumienić, około 5 minut. Wyjmij cebulę i odłóż ją na talerz.

b) Rozdrobnij mięso na tej samej patelni, rumień je, aż nie pozostanie żaden różowy ślad, około 5 minut. Zlej nadmiar tłuszczu i dodaj podsmażoną cebulę, papryczkę jalapeño, kmin i pomidory do patelni, aż będą lekko podgrzane, około 1 minuty. Spróbuj i dodaj sól i pieprz. Pozostaw mieszankę na małym ogniu, podczas gdy robisz skórkę.

c) Rozgrzej żelazko do średniej temperatury.

d) Przygotuj spód: W dużej misce wymieszaj masa harina, sól, proszek do pieczenia i czarny pieprz. W średniej wielkości misce ubij mleko i roztopione masło, aż się połączą, a następnie ubij jajko.

e) Dodaj mokre składniki do suchych i wymieszaj, aby się połączyły. Ciasto będzie bardzo gęste.

f) Posmaruj obie strony rusztu gofrownicy sprayem zapobiegającym przywieraniu.

Podziel ciasto na 4 równe porcje, około $\frac{1}{2}$ szklanki każda. Weź porcję ciasta i uformuj z niej krążek o wielkości jednej części gofrownicy. Powtórz z pozostałymi 3 porcjami ciasta.

g) Umieść krążki na gofrownicy, całkowicie przykrywając kratkę gofrownicy. Zamknij pokrywę i piecz, aż będą prawie gotowe, ale nie do końca złocistobrązowe, około 3 minut.

h) Otwórz gofrownicę, rozłóż równą warstwę polewy o grubości około $\frac{1}{2}$ cala na spodzie i zamknij gofrownicę na 1 minutę. Otwórz gofrownicę jeszcze raz, posyp serem i zamknij gofrownicę na 20 sekund, aby roztopić ser. Wyjmij gofrownicę z tamales i podawaj.

21. Gofrowane meksykańskie Migas

WYDAJNOŚĆ: Porcja dla 2 osób

Składniki

- 4 duże jajka
- 1 mały pomidor pokrojony w kostkę (około $\frac{1}{2}$ szklanki)
- $\frac{1}{2}$ szklanki pokrojonej w kostkę cebuli
- $\frac{1}{2}$ szklanki startego sera Cheddar lub Monterey Jack
- 1 mała papryczka jalapeño, pozbawiona pestek i posiekana
- 2 miękkie tortille kukurydziane, pokrojone lub porwane na kawałki o wielkości około $\frac{1}{2}$ cala
- $\frac{1}{4}$ łyżeczki soli
- $\frac{1}{4}$ łyżeczki świeżo zmielonego czarnego pieprzu
- Spray zapobiegający przywieraniu

Wskazówki

a) Rozgrzej żelazko do średniej temperatury.

b) W średniej wielkości misce ubij jajka. Dodaj resztę składników oprócz sprayu do gotowania i energicznie wymieszaj, aby się połączyły.

c) Posmaruj obie strony rusztu gofrownicy sprayem zapobiegającym przywieraniu. Nałóż trochę mieszanki na każdą część gofrownicy. Niektóre składniki mogą osiadać na dnie miski, więc upewnij się, że sięgasz do dna miski, aby uzyskać dobrą mieszankę.

d) Zamknij pokrywkę i gotuj, aż jajka nie będą już płynne, około 2 minuty.

e) Wyjmij gofrownice z gofrownicy za pomocą szpatułki lub pary silikonowych szpatułek odpornych na ciepło i podawaj.

22. Wontony z krewetkami w waflach

WYDAJNOŚĆ: Wystarczy na 16 wontonów

Składniki

- 8 uncji ugotowanych i schłodzonych krewetek (31–40 sztuk lub 41–50 sztuk), obranych, bez ogonków
- 1 duże białko jaja, lekko ubite
- $\frac{1}{4}$ szklanki drobno posiekanej szczypiorku, zarówno zielonej, jak i białej części
- 1 ząbek czosnku, drobno posiekany
- 2 łyżeczki jasnobrązowego cukru
- 2 łyżeczki destylowanego białego octu
- $\frac{1}{2}$ łyżeczki startego lub posiekanego świeżego imbiru
- $\frac{3}{4}$ łyżeczki soli
- $\frac{1}{2}$ łyżeczki świeżo zmielonego czarnego pieprzu
- 1 opakowanie papierków na wontony (co najmniej 32 sztuki), około $3\frac{1}{2}$ cala na bok
- Spray zapobiegający przywieraniu
- Sos imbirowo-sezamowy

Wskazówki

a) Drobno posiekaj krewetki, tak aby były prawie jak pasta. Jeśli chcesz użyć robota kuchennego, pół tuzina szybkich pulsów powinno to osiągnąć. Umieść posiekane krewetki w średniej wielkości misce.

b) Dodaj do krewetek białko jajka, szczypiorek, czosnek, cukier, ocet, imbir, sól i pieprz, dokładnie wymieszaj i odstaw.

c) Rozgrzej żelazko do gofrów na wysoką temperaturę. Rozgrzej piekarnik na najniższą temperaturę.

d) Aby uformować pierożki, wyjmij z opakowania papierek wonton. Za pomocą pędzelka do ciasta lub czystego palca zwilż wszystkie 4 krawędzie papierka. Umieść skąpą łyżkę mieszanki krewetkowej na środku i przykryj kolejnym papierkiem wonton. Dociśnij wzdłuż krawędzi, aby uszczelnić. Odłóż gotowy wonton, przykryj wilgotnym ręcznikiem i uformuj resztę.

e) Posmaruj obie strony rusztu gofrownicy sprayem zapobiegającym przywieraniu. Umieść na gofrownicy tyle wontonów, ile wygodnie się zmieści i zamknij pokrywę.

Piecz przez 2 minuty przed sprawdzeniem. Opakowanie wontonów powinno stracić przezroczystość, a ślady po gofrach powinny być głęboko złocistobrązowe.

f) Podawaj wontony z sosem imbirowo-sezamowym.

23. Arancini z serem i goframi

WYDAJNOŚĆ: Wystarczy na 8 arancini; porcja dla 4 osób

Składniki

- 2 szklanki ugotowanego białego ryżu krótkoziarnistego, np. Arborio, przygotowanego zgodnie z instrukcją na opakowaniu i ostudzonego
- ½ szklanki startego parmezanu
- ¼ łyżeczki soli
- ¼ łyżeczki świeżo zmielonego czarnego pieprzu
- 3 duże jajka
- 2 uncje świeżej mozzarelli, pokrojonej na 8 kawałków
- 1 szklanka doprawionej bułki tartej
- Spray zapobiegający przywieraniu

Wskazówki

a) Rozgrzej żelazko do gofrów na średnią temperaturę. Rozgrzej piekarnik na najniższą temperaturę.

b) W średniej wielkości misce wymieszaj ryż, parmezan, sól, pieprz i jedno jajko, aż składniki dokładnie się połączą.

c) Mokrymi dłońmi uformuj każdą kulkę ryżową, biorąc niewielką porcję mieszanki, mocno ściskając ją w kulkę i wpychając do środka kawałek mozzarelli. Ser powinien być całkowicie pokryty ryżem. Powtórz ten proces, aby uformować 8 kulek arancini i odłóż je na bok.

d) Ubij pozostałe 2 jajka w małej misce. Umieść bułkę tartą w płytkiej misce lub głębokim naczyniu, takim jak patelnia do ciasta. Zanurz każde z arancini w mieszance jajecznej, a następnie w bułce tartej, strząsając nadmiar. Delikatnie obchodź się z arancini.

e) Posmaruj obie strony rusztu gofrownicy sprayem zapobiegającym przywieraniu. Umieść kulkę arancini w każdej sekcji gofrownicy, zamknij pokrywę i piecz, aż arancini będą się trzymać razem jako spójna całość, 4 minuty.

f) Podczas gdy arancini się gotują, podgrzej sos marinara w kuchence mikrofalowej przez 45 sekund lub w małym rondelku na kuchence na małym ogniu.

g) Wyjmij arancini z gofrownicy i powtórz kroki 5 i 6 z pozostałymi arancini. Gotowe arancini trzymaj w piekarniku w cieple.

h) Podawaj arancini z ciepłym sosem marinara.

24. Placki z cukinii i parmezanu

WYDAJNOŚĆ: 4 porcje

Składniki

- 2 szklanki startej cukinii (około 2 średniej wielkości cukinii)
- $\frac{1}{2}$ łyżeczki soli
- 1 duże jajko
- $\frac{1}{4}$ szklanki mleka
- $\frac{1}{2}$ szklanki startego parmezanu
- $\frac{1}{2}$ szklanki mąki uniwersalnej
- $\frac{1}{4}$ łyżeczki świeżo zmielonego czarnego pieprzu
- Spray zapobiegający przywieraniu

Wskazówki

a) Umieść cukinię w durszlaku lub sitku i posyp $\frac{1}{4}$ łyżeczki soli. Odstaw na 30 minut. Dokładnie opłucz zimną wodą. Naciśnij, aby usunąć nadmiar płynu z cukinii, a następnie osusz czystym ręcznikiem bezpyłowym lub ręcznikami papierowymi.

b) Rozgrzej żelazko do gofrów na średnią temperaturę. Rozgrzej piekarnik na najniższą temperaturę.

c) W dużej misce ubij jajko, a następnie dodaj mleko i $\frac{1}{4}$ szklanki parmezanu. Dobrze ubij, aby połączyć.

d) W małej misce wymieszaj mąkę, pozostałą $\frac{1}{4}$ łyżeczki soli i pieprz. Dobrze wymieszaj i wmieszaj do dużej miski z mieszanką jajeczną. Dodaj cukinię i mieszaj, aż dobrze się połączą.

e) Posmaruj obie strony rusztu gofrownicy sprayem zapobiegającym przywieraniu. Nałóż zaokrąglone łyżki mieszanki z cukinii na gofrownicę, pozostawiając przestrzeń między każdą łyżką, aby frittersy mogły się rozłożyć. Zamknij pokrywę.

f) Smażyć, aż lekko zbrązowieją i będą w pełni upieczone, przez 3 minuty, a następnie wyjąć z gofrownicy.

g) Powtórz kroki 5 i 6 z pozostałym ciastem. Utrzymaj gotowe fritters w cieple w piekarniku.

h) Przed podaniem posyp placki pozostałą $\frac{1}{4}$ szklanki parmezanu.

25. Tostones w waflach

WYDAJNOŚĆ: 4 porcje

Składniki

- 2 kwarty oleju o neutralnym smaku, np. rzepakowego, do smażenia
- 2 żółte banany (trochę zielonego też będzie ok)
- Sól do smaku
- Sos czosnkowy

Wskazówki

a) Wlej olej do dużego garnka lub naczynia typu Dutch oven, pamiętając o pozostawieniu dużej ilości miejsca na górze garnka. Olej nie może sięgać więcej niż do połowy, w przeciwnym razie może się wylać, gdy dodasz banany.

b) Podgrzej olej do temperatury 175°C (350°F) na termometrze o natychmiastowym odczycie, podgrzewając na średnim ogniu.

c) Podczas gdy olej się nagrzewa, obierz banany. Odetnij każdy koniec, a następnie zrób 3 nacięcia wzdłuż banana. Podważ skórkę palcami. Pokrój każdego banana na plasterki o grubości około $\frac{1}{4}$ cala.

d) Rozgrzej żelazko do gofrów na średnią temperaturę. Podgrzej talerz w piekarniku na najniższym ustawieniu.

e) Gdy olej osiągnie temperaturę około 350°F, kostka chleba wrzucona do oleju stanie się jasnobrązowa w ciągu 60 sekund. Smaż plasterki banana w tej temperaturze przez 1 minutę.

f) Po minucie sprawdź, czy plaster banana jest gotowy. Powinien mieć jasnozłoty kolor i być upieczony na zewnątrz. Im bardziej zielony jest banan, tym dłużej będzie się smażył — do około 3 minut.

g) Łyżką cedzakową wyjmij usmażone banany z oleju i odsącz na talerzu wyłożonym ręcznikami papierowymi. Niewielka ilość oleju przywierająca do nich nie stanowi problemu — w rzeczywistości pomoże, gdy włożysz je do gofrownicy.

h) Połóż na gofrownicy tyle usmażonych bananów, ile zmieści się w jednej warstwie, pozostawiając im trochę miejsca na wyrośnięcie.

i) Naciśnij pokrywę gofrownicy, aby rozbić banany na płasko. Ostrożnie: Pokrywa może być gorąca.

j) Smażyć, aż banany nabiorą głęboko złotego koloru i będą miękkie w środku, około 2 minuty.

k) Wyjmij banany z gofrownicy. Powtórz kroki od 8 do 10 z pozostałymi bananami.

l) Ułóż gotowe banany na ciepłym talerzu i posyp solą. Podawaj z sosem czosnkowym.

26. Frytki gofrowane

WYDAJNOŚĆ: 4 porcje

Składniki

- Spray zapobiegający przywieraniu
- 4 łyżki ($\frac{1}{2}$ kostki) niesolonego masła, roztopionego
- 1 szklanka wody
- $\frac{1}{2}$ łyżeczki soli
- 2 szklanki płatków ziemniaczanych instant
- Ketchup lub majonez do podania

Wskazówki

a) Rozgrzej żelazko do gofrów na wysokim poziomie. Posmaruj obie strony rusztu gofrownicy sprayem zapobiegającym przywieraniu.

b) Wymieszaj roztopione masło, wodę i sól w misce. Dodaj płatki ziemniaczane i dokładnie wymieszaj mieszankę. Pozostaw ją, aż gofrownica osiągnie pożądaną temperaturę. Mieszanka będzie dość gęsta.

c) Na każdy frytkowany gofr włóż około łyżki mieszanki ziemniaczanej do gofrownicy. Włóż tyle mieszanki ziemniaczanej, ile możesz, na kratkę gofrownicy, zamknij pokrywę i piecz, aż do uzyskania głębokiego złotego koloru, 3 minuty. Wyjmij frytki i powtórz, ponownie spryskując kratkę gofrownicy, jeśli to konieczne, aż wykorzystasz całą mieszankę ziemniaczaną.

d) Podawaj frytki z ketchupem lub majonezem.

27. Gofrowane krążki cebulowe

WYDAJNOŚĆ: 4 porcje

Składniki

- 1½ szklanki mąki uniwersalnej
- ½ szklanki mąki kukurydzianej
- 1 łyżka proszku do pieczenia
- 2 łyżeczki soli
- 2 łyżeczki cukru granulowanego
- 1 łyżeczka świeżo zmielonego czarnego pieprzu
- 1 łyżeczka proszku cebulowego
- 12 uncji piwa typu lager
- ¼ szklanki oleju o neutralnym smaku, np. rzepakowego
- 1 duża cebula, pokrojona w cienkie plasterki, a następnie na kawałki o długości nie większej niż 2,5 cm
- Spray zapobiegający przywieraniu

Wskazówki

a) Rozgrzej żelazko do gofrów na średnią temperaturę. Rozgrzej piekarnik na najniższą temperaturę.

b) W dużej misce wymieszaj mąkę, skrobię kukurydzianą, proszek do pieczenia, sól, cukier, pieprz i proszek cebulowy i wymieszaj, aby składniki się połączyły. Wymieszaj z piwem. (Mieszanka się spieni.) Wymieszaj z olejem, a następnie z cebulą.

c) Posmaruj obie strony rusztu gofrownicy sprayem zapobiegającym przywieraniu.

d) Wlać około ¼ szklanki ciasta na gofrownicę w kształcie dużego pierścienia,

e) Pierścień nie będzie idealny, ale możesz użyć silikonowej szpatułki, aby nadać ciastu odpowiedni kształt przed zamknięciem pokrywki.

f) Smażyć przez 4 minuty lub do zbrązowienia. Wyjąć krążek cebulowy z gofrownicy.

g) Powtórz kroki 3 i 4, aby zrobić resztę krążków cebulowych. Gotowe krążki cebulowe trzymaj w piekarniku w cieple.

h) Podawać na gorąco.

28. Ciasteczka owsiane waflowe

WYDAJNOŚĆ: Wystarczy na około 20 ciasteczek

Składniki

- $\frac{1}{2}$ szklanki niesolonego masła, zmiękczonego
- $\frac{1}{2}$ szklanki mocno ubitego jasnobrązowego cukru
- 2 duże jajka
- 1 łyżeczka czystego ekstraktu waniliowego
- $\frac{1}{2}$ szklanki mąki uniwersalnej
- $\frac{1}{2}$ łyżeczki sody oczyszczonej
- $\frac{1}{4}$ łyżeczki soli
- $\frac{3}{4}$ szklanki płatków owsianych tradycyjnych
- $\frac{3}{4}$ szklanki półsłodkich mini kawałków czekolady
- Spray zapobiegający przywieraniu

Wskazówki

a) Rozgrzej żelazko do średniej temperatury.

b) W dużej misce ubij masło i brązowy cukier mikserem ręcznym, aż masa będzie gładka.

c) Dodaj jajka i wanilię, a następnie ubijaj, aż do całkowitego połączenia się składników.

d) W średniej wielkości misce wymieszaj mąkę, sodę oczyszczoną i sól. Dodaj te suche składniki do mokrych składników i mieszaj, aż pozostanie kilka smug mąki.

e) Dodaj płatki owsiane i kawałki czekolady i wymieszaj.

f) Posmaruj obie strony rusztu gofrownicy sprayem zapobiegającym przywieraniu.

g) Nałóż czubatą łyżkę ciasta na każdą część gofra, pozostawiając miejsce na rozłożenie się ciasteczek. Zamknij pokrywę i piecz, aż ciasteczka będą gotowe i zaczną brązowieć. Nie zajmie to dużo czasu — 2 lub 3 minuty, w zależności od temperatury gofrownicy. Ciasteczka powinny być miękkie, gdy je wyjmiesz, i stwardnieją, gdy ostygną.

h) Przenieś ciasteczka na kratkę, żeby ostygły.

i) Powtarzaj kroki od 6 do 8, aż reszta ciasta zostanie rozdrobniona.

29. Wafelek z lodami Red Velvet

WYDAJNOŚĆ: Wystarczy na 8 kanapek

Składniki

- 1¾ szklanki mąki uniwersalnej
- ¼ szklanki niesłodzonego kakao
- 1 łyżeczka sody oczyszczonej
- 1 łyżeczka soli
- 1 szklanka oleju rzepakowego
- 1 szklanka cukru granulowanego
- 1 duże jajko
- 3 łyżki czerwonego barwnika spożywczego
- 1 łyżeczka czystego ekstraktu waniliowego
- 1½ łyżeczki destylowanego białego octu
- ½ szklanki maślanki
- Spray zapobiegający przywieraniu
- 1½ kwarty lodów waniliowych
- 2 szklanki półsłodkich mini kawałków czekolady

Wskazówki

a) Rozgrzej żelazko do średniej temperatury.

b) W średniej wielkości misce wymieszaj mąkę, kakao, sodę oczyszczoną i sól. Odstaw.

c) W misce miksera stojącego lub mikserem ręcznym w dużej misce ubijaj olej i cukier na średniej prędkości, aż będą dobrze wymieszane. Wbij jajko. Zmniejsz obroty miksera do niskich i powoli dodawaj barwnik spożywczy i wanilię.

d) Wymieszaj ocet i maślankę. Dodaj połowę tej mieszanki maślanki do dużej miski z olejem, cukrem i jajkiem. Wymieszaj, aby połączyć, a następnie dodaj połowę mieszanki mąki. Zeskrob miskę i wymieszaj tylko tyle, aby upewnić się, że nie ma w niej niezmieszanej mąki. Dodaj resztę mieszanki maślanki, wymieszaj, aby połączyć, a następnie dodaj ostatnią część mieszanki mąki. Wymieszaj ponownie, tylko tyle, aby upewnić się, że nie ma w niej niezmieszanej mąki.

e) Posmaruj obie strony rusztu gofrownicy sprayem zapobiegającym przywieraniu. Wlej do gofrownicy tyle ciasta, aby pokryć ruszt, zamknij pokrywę i piecz, aż gofry będą wystarczająco twarde, aby wyjąć je z gofrownicy, 4 minuty.

f) Pozostaw gofry do lekkiego ostygnięcia na kratce. Użyj nożyczek kuchennych lub ostrego noża, aby podzielić gofry na sekcje (prawdopodobnie prostokąty, kliny lub serca, w zależności od Twojej gofrownicy). Powtórz, aby uzyskać łącznie 16 sekcji.

g) Podczas gdy gofry się stygną, odłóż lody na blat, żeby zmiękły, i pozostaw je na 10 minut.

h) Po zmiękczeniu lodów wyłóż połowę kawałków gofra i za pomocą szpatułki rozsmaruj lody na grubość około 2,5 cm na każdym z nich. Przykryj pozostałymi kawałkami, aby uzyskać 8 kanapek. Zeskrob nadmiar lodów gumową szpatułką, aby wyrównać brzegi.

i) Następnie zanurz brzegi lodów w misce lub płytkim naczyniu wypełnionym miniaturowymi kawałkami czekolady.

j) Owiń każdą kanapkę szczelnie folią spożywczą, włóż do woreczka strunowego i włóż woreczek do zamrażarki na co najmniej 1 godzinę, aby lody stwardniały. Wyjmij kanapkę kilka minut przed podaniem, aby lekko zmiękła.

30. Chleb bananowy waflowy

WYDAJNOŚĆ: Wystarczy na 10–15 gofrowanych kromek chleba bananowego

Składniki

- 1 szklanka plus 2 łyżki cukru granulowanego
- 1 łyżeczka mielonego cynamonu
- 3 średniej wielkości dojrzałe banany pokrojone w plasterki o grubości $\frac{1}{8}$ cala
- 8 łyżek (1 kostka) niesolonego masła, zmiękczonego
- $\frac{1}{2}$ szklanki jasnobrązowego cukru
- 6 uncji serka śmietankowego, zmiękczonego, pokrojonego na kawałki o wadze około 1 uncji
- 2 duże jajka
- 1 łyżeczka czystego ekstraktu waniliowego
- $1\frac{1}{2}$ szklanki mąki uniwersalnej
- $\frac{1}{2}$ szklanki surowych, tradycyjnych płatków owsianych
- $1\frac{1}{2}$ łyżeczki proszku do pieczenia
- $\frac{1}{4}$ łyżeczki soli I nieprzywierającego sprayu do gotowania

Wskazówki

a) W małej misce wymieszaj 2 łyżki cukru granulowanego i cynamon. Umieść pokrojone kawałki banana w małej misce, a następnie posyp je mieszanką cynamonu i cukru. Mieszaj, aby równomiernie rozprowadzić mieszankę cynamonu i cukru. Odstaw banany na 30 minut.

b) W misce miksera stojącego z końcówką mieszającą lub mikserem ręcznym wymieszaj masło, pozostałą szklankę cukru granulowanego i brązowy cukier, aż do uzyskania jednolitej konsystencji. Dodaj serek śmietankowy i mieszaj, aż całkowicie połączy się z mieszanką cukru. Dodaj jajka jedno po drugim i mieszaj, aż połączą się z ciastem. Dodaj wanilię i dobrze wymieszaj, aby składniki się połączyły.

c) W średniej wielkości misce wymieszaj mąkę, płatki owsiane, proszek do pieczenia i sól. Po połączeniu wlej mieszankę mąki do mieszanki masła i cukru. Mieszaj, aż suche składniki całkowicie połączą się z mokrymi składnikami, zeskrobując miskę, aby upewnić się, że mieszanka jest dokładnie wymieszana.

d) Wrzuć banany do miski wraz z płynem, który się w niej zgromadził, i delikatnie wymieszaj, aby składniki się połączyły.

e) Rozgrzej żelazko do gofrów na średnią temperaturę. Posmaruj obie strony rusztu gofrownicy sprayem zapobiegającym przywieraniu. Rozgrzej piekarnik na najniższym ustawieniu.

f) Posmaruj wnętrze miarki o pojemności ⅓ szklanki nieprzywierającym sprayem, aby ułatwić wyjmowanie ciasta. Odmierz ⅓ szklanki ciasta i wlej na rozgrzane żelazko do gofrów. Zamknij pokrywkę i piecz, aż chleb bananowy stanie się ciemnozłoty, 5 minut.

g) Wyjmij gotowy kawałek z gofrownicy i umieść go na kratce, aby lekko ostygł. Powtórz krok 6 z pozostałym ciastem. Gotowe kawałki trzymaj w piekarniku w cieple.

31. Gofrowane S'mores

WYDAJNOŚĆ: 4 porcje

Składniki

- Spray zapobiegający przywieraniu
- $\frac{1}{2}$ szklanki białej mąki pełnoziarnistej
- $\frac{1}{2}$ szklanki mąki uniwersalnej
- $\frac{1}{4}$ szklanki mocno ubitego, ciemnego brązowego cukru
- $\frac{1}{2}$ łyżeczki sody oczyszczonej
- $\frac{1}{4}$ łyżeczki soli
- Szczypta mielonego cynamonu
- 4 łyżki ($\frac{1}{2}$ kostki) niesolonego masła, roztopionego
- 2 łyżki mleka
- $\frac{1}{4}$ szklanki miodu
- 1 łyżka czystego ekstraktu waniliowego
- $\frac{3}{4}$ szklanki półsłodkich kawałków czekolady
- $\frac{3}{4}$ szklanki mini pianek

Wskazówki

a) Rozgrzej żelazko do gofrów na średnią temperaturę. Posmaruj obie strony rusztu gofrownicy sprayem zapobiegającym przywieraniu.

b) W misce wymieszaj mąkę, brązowy cukier, sodę oczyszczoną, sól i cynamon. W osobnej misce ubij razem roztopione masło, mleko, miód i wanilię.

c) Dodaj mokre składniki do mieszanki mąki i mieszaj, aż powstanie ciasto.

d) Pozostaw mieszankę na 5 minut. Będzie o wiele gęstsza niż zwykłe ciasto na gofry, ale nie tak gęsta jak ciasto chlebowe.

e) Odmierz około $\frac{1}{4}$ szklanki ciasta i umieść je na jednej części gofrownicy. Powtórz z kolejną $\frac{1}{4}$ szklanki ciasta, aby uzyskać górę i dół kanapki s'moreffle.

f) Zamknij pokrywkę i gotuj, aż gofrowane krakersy graham będą nadal lekko miękkie, ale w całości upieczone, przez 3 minuty.

g) Ostrożnie wyjmij gofrowane krakersy graham z gofrownicy. Będą dość miękkie, więc zachowaj ostrożność, aby zachować je w całości. Pozostaw je do lekkiego ostygnięcia. Powtórz kroki od 5 do 7 z resztą ciasta.

32. Wafle z maślanką i mąką kukurydzianą

WYDAJNOŚĆ: 4 do 6 gofrów; porcja dla 4 osób

Składniki

- 1¾ szklanki mąki uniwersalnej
- ¼ szklanki drobno zmielonej mąki kukurydzianej
- 2 łyżeczki sody oczyszczonej
- 1 łyżeczka soli
- 2 duże jajka, oddzielone
- 1¾ szklanki maślanki
- 4 łyżki niesolonego masła, roztopionego i ostudzonego
- 1 łyżeczka czystego ekstraktu waniliowego
- Spray zapobiegający przywieraniu
- Masło i syrop klonowy do podania

Wskazówki

a) Rozgrzej żelazko do gofrów na średnią temperaturę. Rozgrzej piekarnik na najniższą temperaturę.

b) W dużej misce wymieszaj mąkę, mąkę kukurydzianą, sodę oczyszczoną i sól. W osobnej misce wymieszaj żółtka, maślankę, masło i wanilię.

c) W misce średniej wielkości ubij białka, aż będą sztywne.

d) Dodaj płynne składniki do suchych składników, delikatnie mieszając. Następnie wmieszaj białka do ciasta.

e) Posmaruj obie strony rusztu gofrownicy sprayem zapobiegającym przywieraniu. Wlej ciasto do gofrownicy, zamknij pokrywę i piecz, aż będzie złocistobrązowe, od 3 do 5 minut.

f) Wyjmij gofra. Aby utrzymać go w cieple, umieść go na kratce w piekarniku. Powtórz krok 5, aby zrobić resztę gofrów.

g) Podawać z masłem i syropem klonowym.

33. Wafle czekoladowe

Wystarcza na 8 do 10

Składniki

- 7 uncji (200 g) lodów półsłodkich lub gorzkich, opcjonalnie
- czekolada, posiekana (lub użyj chipsów)
- 4½ uncji (130 g) masła pokrojonego w kostkę
- 2 jajka
- 1½ szklanki (360ml) mleka
- 1 łyżeczka ekstraktu waniliowego
- 2 szklanki (260g) mąki uniwersalnej
- ¾ szklanki (150g) cukru
- ¼ szklanki (35g) kakao w proszku
- 1 łyżeczka proszku do pieczenia
- 1 łyżeczka soli
- 1 (45g) filiżanka chipsów czekoladowych

Wskazówki

a) Przygotuj Sear and Press Grill z płytami Waffle. Ustaw 450°F dla górnej i dolnej płyty. Naciśnij Start, aby się rozgrzać.

b) Umieść czekoladę i masło w misce bezpiecznej dla mikrofalówki i podgrzewaj na 100% mocy przez 30 sekund. Mieszaj nieprzerwanie, aż czekolada i masło się rozpuszczą i mieszanka będzie gładka. Odstaw do lekkiego ostygnięcia.

c) W dużej misce lub dzbanku roztrzep jajka, mleko i wanilię, a następnie wymieszaj z ostudzoną mieszanką czekoladową, aż do uzyskania gładkiej masy.

d) W dużej misce wymieszaj mąkę, cukier, kakao, proszek do pieczenia i sól, a następnie zrób dołek na środku.

e) Wlać mieszaninę jajek i ubijać, aż będzie prawie gładka, z kilkoma grudkami. Wymieszać z kawałkami czekolady.

f) Po zakończeniu podgrzewania zapali się zielona lampka gotowości. Dodaj ½ szklanki ciasta do każdego kwadratu wafla. Zamknij pokrywkę i piecz, aż będą upieczone i suche w dotyku. Zajmie to około 3½-4 minut. Wyjmij gofry i umieść na kratce, aby lekko ostygły.

g) Powtórz z pozostałym ciastem. Podawaj z lodami, jeśli chcesz.

34. Gofry z gotowanym rabarbarem

Wystarcza na 8 do 10

Składniki

- 2 jajka, oddzielone
- 1 funt świeżego rabarbaru, przycięte i umyte
- 1¾ szklanki (420ml) mleka
- ¼ szklanki cukru
- 1 łyżeczka ekstraktu waniliowego
- 4 uncje (115 g) masła, roztopionego przed podaniem
- 1 opakowanie (130 g) cukru waniliowego Cukier puder (opcjonalnie).
- mieszanka budyniowa Budyń waniliowy (opcjonalnie).
- 2¼ szklanki (295 g) mąki uniwersalnej
- 2 łyżeczki proszku do pieczenia
- ¼ łyżeczki soli
- ½ szklanki (100g) cukru

Wskazówki

a) Przygotuj grill Sear and Press z płytami do gofrów. Ustaw 410°F dla górnej płyty i 350°F dla dolnej płyty. Naciśnij Start, aby wstępnie nagrzać.

b) Do ugotowanego rabarbaru pokrój łodygi rabarbaru na kawałki o długości ½ cala i włóż je do rondla z cukrem i 1 szklanką wody. Gotuj na małym ogniu, aż rabarbar zmięknie, ale się nie rozpadnie. Całkowicie ostudź.

c) Aby przygotować gofry, w dużej misce wymieszaj żółtka, mleko, ekstrakt waniliowy i roztopione masło.

d) Wymieszaj mieszankę budyniową, mąkę, proszek do pieczenia, sól i cukier w dużej misce i zrób dołek na środku.

e) Ostrożnie wlej mieszankę jajek i mleka, mieszaj, aż składniki się połączą.

f) Ubić białka mikserem elektrycznym, aż utworzą się sztywne szczyty. Wymieszać z ciastem na gofry.

g) Po zakończeniu podgrzewania zapali się zielona lampka gotowości. Dodaj ½ szklanki ciasta do każdego kwadratu wafla.

h) Zamknij pokrywkę i gotuj, aż będą gotowe i złocistobrązowe. Zajmie to około 4 minut lub do momentu, aż będą ugotowane według twojego uznania. Wyjmij gofry i umieść na kratce, aby lekko ostygły.

i) Powtórz z pozostałym ciastem. Podawaj z gęstym kremem waniliowym i rabarbarem; posyp cukrem pudrem.

35. Gofry sufletowe z trzema serami

Wystarczy na 10-12 sztuk

Składniki

- 4 jajka, oddzielone
- 2¼ szklanki (540 ml) mleka
- 4 uncje (115 g) roztopionego masła
- ½ szklanki (40g) startego parmezanu
- ½ szklanki (40g) startej mozzarelli ¼ szklanki (20g) startego provolone
- 3L szklanki (435g) mąki uniwersalnej
- 1 łyżka proszku do pieczenia
- 1 łyżeczka sody oczyszczonej
- 1 łyżeczka soli koszernej
- 1 szklanka (10g) drobno posiekanego szczypiorku

Wskazówki

a) Przygotuj Sear and Press Grill z płytami Waffle. Ustaw 450°F dla górnej i dolnej płyty. Naciśnij Start, aby się rozgrzać.
b) Wymieszaj żółtka, mleko i masło, aż składniki dobrze się połączą.
c) Do dużej miski włóż ser, mąkę, proszek do pieczenia, sodę oczyszczoną i sól, a następnie zrób dołek na środku.
d) Wlać mieszaninę jajek i mieszać, aż składniki się połączą.
e) Ubij białka mikserem elektrycznym, aż utworzą się sztywne szczyty. Wymieszaj z ciastem waflowym, dodając posiekany szczypiorek.
f) Po zakończeniu rozgrzewania zapali się zielona lampka gotowości. Dodaj ½ szklanki ciasta do każdego kwadratu wafla. Zamknij pokrywkę i piecz, aż ciasto będzie upieczone i złocistobrązowe. Zajmie to około 4-5 minut lub do momentu, aż ciasto będzie upieczone zgodnie z Twoimi upodobaniami.

36. Wafle maślankowe

Wystarczy na 6 gofrów

Składniki:

- 2 szklanki mąki uniwersalnej
- 2 łyżki polenty lub suszonej kukurydzy
- 2 łyżki białego cukru
- ¾ łyżeczki sody oczyszczonej
- ¾ łyżeczki soli w płatkach
- 2½ szklanki maślanki
- 3 duże jajka
- 1 łyżeczka czystego ekstraktu waniliowego
- 2/3 szklanki oleju roślinnego

Wskazówki

a) Wymieszaj suche składniki w dużej misce; ubijaj, aż dobrze się połączą. W dużej misce pomiarowej lub oddzielnej misce wymieszaj pozostałe składniki i ubijaj, aż się połączą.

b) Dodaj składniki płynne do składników suchych i ubijaj, aż do uzyskania gładkiej masy.

c) Rozgrzej gofrownicę do żądanego ustawienia (po nagrzaniu usłyszysz sygnał dźwiękowy).

d) Wlej skąpą filiżankę ciasta przez górną część dzióbka. Gdy zabrzmi dźwięk, gofr jest gotowy. Ostrożnie otwórz gofrownicę i wyjmij upieczony gofr.

e) Zamknij gofrownicę i powtórz czynność z pozostałym ciastem.

37. Belgijskie gofry

Wystarczy na 5 gofrów

Składniki:
- 2 szklanki mąki uniwersalnej
- 2 łyżki polenty
- $\frac{3}{4}$ łyżeczki soli w płatkach
- $\frac{1}{2}$ łyżeczki sody oczyszczonej
- 2 duże jajka, oddzielone
- $2\frac{1}{2}$ szklanki maślanki
- $\frac{1}{4}$ szklanki oleju roślinnego
- $\frac{1}{2}$ łyżeczki czystego ekstraktu waniliowego
- Szczypta kremu z kamienia winnego

Wskazówki

a) Wymieszaj pierwsze cztery składniki w dużej misce, aż do dokładnego połączenia.

b) W dużej miarce lub w osobnej misce wymieszaj żółtka, maślankę, olej i ekstrakt waniliowy, aż do dokładnego połączenia się składników.

c) Dodaj składniki płynne do składników suchych i ubijaj, aż do uzyskania gładkiej masy.

d) Włóż białka jaj i krem z kamienia winnego do osobnej, czystej, dużej miski. Używając trzepaczki lub miksera ręcznego z końcówką do ubijania, ubijaj na średnie szczyty. Używając dużej szpatułki, dodaj ubite białka do reszty ciasta i wymieszaj, aby połączyć – upewnij się, że w cieście nie ma grudek białka jaja. W razie potrzeby ubij, aby uzyskać gładkie ciasto.

e) Rozgrzej gofrownicę do żądanego ustawienia (po nagrzaniu usłyszysz sygnał dźwiękowy).

f) Powoli wlej pełną filiżankę ciasta przez górną część dziobka, upewniając się, że ciasto spływa do gofrownicy i nie wypełnia dziobka ciastem od razu. Gdy zabrzmi dźwięk, gofr jest gotowy.

g) Ostrożnie otwórz gofrownicę i wyjmij upieczonego gofra. Zamknij gofrownicę i powtórz z pozostałym ciastem.

38. Wafle wieloziarniste

Wystarczy na 4 gofry

Składniki:
- 1 szklanka mąki pełnoziarnistej
- ½ szklanki mąki uniwersalnej
- ¼ szklanki mąki migdałowej
- ¼ szklanki zarodków pszenicy
- 1 łyżeczka proszku do pieczenia
- ½ łyżeczki soli w płatkach
- ½ łyżeczki mielonego cynamonu
- ¼ łyżeczki sody oczyszczonej
- 2 szklanki mleka roślinnego
- 2 łyżeczki destylowanego białego octu
- 2 duże jajka
- 2 łyżki czystego syropu klonowego
- 1 łyżeczka czystego ekstraktu waniliowego
- ¼ szklanki oleju roślinnego
- 2 łyżki oleju lnianego

Wskazówki

a) Wymieszaj suche składniki w dużej misce; ubijaj, aż dobrze się połączą. W dużej misce pomiarowej lub oddzielnej misce wymieszaj pozostałe składniki i ubijaj, aż dobrze się połączą.

b) Dodaj składniki płynne do składników suchych i ubijaj, aż do uzyskania gładkiej masy.

c) Rozgrzej gofrownicę do żądanego ustawienia (po nagrzaniu usłyszysz sygnał dźwiękowy).

d) Wlej skąpą filiżankę ciasta przez górną część dzióbka. Gdy zabrzmi dźwięk, gofr jest gotowy.

e) Ostrożnie otwórz gofrownicę i wyjmij upieczonego gofra. Zamknij gofrownicę i powtórz z pozostałym ciastem.

39. Wafle gryczane

Wystarczy na 6 gofrów

Składniki
- 1½ szklanki mąki uniwersalnej
- ½ szklanki mąki gryczanej
- 2 łyżki polenty
- 2 łyżki białego cukru
- ¾ łyżeczki sody oczyszczonej
- ¾ łyżeczki soli w płatkach
- 2½ szklanki maślanki
- 3 duże jajka
- 1 łyżeczka czystego ekstraktu waniliowego
- 2/3 szklanki oleju roślinnego

Wskazówki

a) Wymieszaj suche składniki w dużej misce; ubijaj, aż dobrze się połączą. W dużej misce pomiarowej lub oddzielnej misce wymieszaj pozostałe składniki i ubijaj, aż się połączą.

b) Dodaj składniki płynne do składników suchych i ubijaj, aż do uzyskania gładkiej masy.

c) Rozgrzej gofrownicę do żądanego ustawienia.

d) Wlej skąpą filiżankę ciasta przez górną część dzióbka. Gdy zabrzmi dźwięk, gofr jest gotowy. Ostrożnie otwórz gofrownicę i wyjmij upieczony gofr.

e) Zamknij gofrownicę i powtórz czynność z pozostałym ciastem.

40. Wafle owocowe z syropem klonowym

Wystarczy na 3 gofry

Składniki:
- 1½ szklanki mąki ryżowej
- ¼ szklanki skrobi z tapioki
- 2 łyżki mleka w proszku
- 2 łyżki białego cukru
- 2 łyżeczki proszku do pieczenia
- ¾ łyżeczki soli w płatkach
- 1½ szklanki maślanki
- 1 duże jajko
- 2 łyżeczki czystego ekstraktu waniliowego
- 1/3 szklanki oleju roślinnego

Wskazówki

a) Wymieszaj suche składniki w dużej misce; ubijaj, aż dobrze się połączą. W dużej misce pomiarowej lub oddzielnej misce wymieszaj pozostałe składniki i ubijaj, aż się połączą.

b) Dodaj składniki płynne do składników suchych i ubijaj, aż do uzyskania gładkiej masy.

c) Rozgrzej gofrownicę do żądanego ustawienia (po nagrzaniu usłyszysz sygnał dźwiękowy).

d) Wlej 1 pełną filiżankę ciasta przez górną część dzióbka. Gdy zabrzmi dźwięk, gofr jest gotowy. Ostrożnie otwórz gofrownicę i wyjmij upieczony gofr.

e) Zamknij gofrownicę i powtórz czynność z pozostałym ciastem.

41. Gofry z polentą i szczypiorkiem

Wystarczy na 6 gofrów

Składniki:
- 2 szklanki mąki uniwersalnej
- ½ szklanki polenty lub suszonej kukurydzy
- 1 łyżeczka soli w płatkach
- ¾ łyżeczki sody oczyszczonej
- 2½ szklanki maślanki
- 3 duże jajka
- 2/3 szklanki oleju roślinnego
- ¼ szklanki drobno posiekanego świeżego szczypiorku

Wskazówki

a) Wymieszaj mąkę, polentę, sól i sodę oczyszczoną w dużej misce; ubij, aby połączyć. W dużej miarce lub oddzielnej misce wymieszaj składniki płynne i ubij, aby połączyć.

b) Dodaj do suchych składników i ubij, aż do uzyskania gładkiej konsystencji. Wymieszaj z szczypiorkiem.

c) Rozgrzej gofrownicę do żądanego ustawienia (po nagrzaniu usłyszysz sygnał dźwiękowy).

d) Wlej skąpą filiżankę ciasta przez górną część dzióbka. Gdy zabrzmi dźwięk, gofr jest gotowy. Ostrożnie otwórz gofrownicę i wyjmij upieczony gofr.

e) Zamknij gofrownicę i powtórz czynność z pozostałym ciastem.

42. Wafle z pikantnym serem

Wystarczy na 6 gofrów

Składniki:
- 2 szklanki mąki uniwersalnej
- $\frac{1}{4}$ szklanki polenty lub suszonej kukurydzy
- $\frac{3}{4}$ łyżeczki sody oczyszczonej
- $\frac{1}{2}$ łyżeczki soli w płatkach
- $\frac{1}{4}$ łyżeczki pieprzu cayenne
- $2\frac{1}{2}$ szklanki maślanki
- 2 duże jajka
- 2/3 szklanki oleju roślinnego
- $\frac{1}{2}$ szklanki drobno posiekanego sera Cheddar

Wskazówki

a) W dużej misce wymieszaj mąkę, polentę, sodę oczyszczoną, sól i przyprawy; wymieszaj trzepaczką.

b) W dużej miarce lub osobnej misce wymieszaj składniki płynne i ubij, aż się połączą. Dodaj do suchych składników i ubijaj, aż do uzyskania gładkiej konsystencji. Wymieszaj z serem Cheddar.

c) Rozgrzej gofrownicę do żądanego ustawienia (po nagrzaniu usłyszysz sygnał dźwiękowy).

d) Powoli wlej niewielką ilość ciasta przez górną część dziobka, upewniając się, że ciasto spływa do gofrownicy, a nie wypełnia dzióbka całym ciastem na raz.

e) Po usłyszeniu sygnału gofr jest gotowy.

f) Ostrożnie otwórz gofrownicę i wyjmij upieczony gofr.

g) Zamknij gofrownicę i powtórz czynność z pozostałym ciastem.

43. Kurczak i gofry

Wystarczy na 8 porcji

Składniki:
- 2 szklanki maślanki
- 1 łyżka sosu pikantnego
- 1 łyżka musztardy Dijon
- 1½ łyżeczki soli w płatkach, podzielonej
- 1½ łyżeczki świeżo zmielonego czarnego pieprzu
- 8 piersi kurczaka bez kości i skóry (700 g), rozbitych na cienko
- 2 szklanki mąki uniwersalnej
- 1½ łyżeczki proszku do pieczenia
- 1 łyżeczka papryki
- Olej roślinny do smażenia
- 4 przygotowane gofry z polentą i szczypiorkiem

Wskazówki

a) W średniej wielkości misce wymieszaj maślankę, ostry sos, musztardę, 1 łyżeczkę soli i 1 łyżeczkę świeżo zmielonego pieprzu.

b) Dodaj kawałki kurczaka i dobrze pokryj mieszanką maślanki. Schłodź na noc.

c) W płytkiej misce wymieszaj mąkę, proszek do pieczenia, paprykę oraz resztę soli i pieprzu.

d) Rozgrzej frytkownicę do temperatury 190°C.

e) Podczas gdy olej się rozgrzewa, wyłóż blachę do pieczenia papierowymi ręcznikami i włóż do środka kratkę do studzenia; odstaw.

f) Wyjmij kurczaka z mieszanki maślankowej i lekko obtocz każdy kawałek kurczaka równomiernie w mieszance mąki, usuwając nadmiar.

g) Smaż kurczaka partiami, około 3 minuty z każdej strony. Temperatura wewnętrzna kurczaka powinna wynosić 80°C. Przenieś na przygotowaną kratkę chłodzącą.

h) Posmaruj każdy gofr masłem lub majonezem, następnie połóż na nim dwa kawałki kurczaka i polej słodkim sosem.

44. Wafle cytrynowe z makiem

Wystarczy na 6 gofrów

Składniki:
- 2 szklanki mąki uniwersalnej
- 2 łyżki polenty
- 2 łyżki białego cukru
- 2 łyżki nasion maku
- ¾ łyżeczki sody oczyszczonej
- ¾ łyżeczki soli w płatkach
- 2½ szklanki maślanki
- 2 duże jajka
- 1 łyżka startej skórki z cytryny
- 1 łyżeczka świeżego soku z cytryny
- 1 łyżeczka czystego ekstraktu waniliowego
- 2/3 szklanki oleju roślinnego

Wskazówki

a) Połącz wszystkie suche składniki w dużej misce; ubijaj, aż dobrze się połączą. W dużej miarce lub oddzielnej misce wymieszaj pozostałe składniki i ubijaj, aby się połączyły.

b) Dodaj składniki płynne do składników suchych i ubijaj, aż do uzyskania gładkiej masy.

c) Rozgrzej gofrownicę do żądanego ustawienia.

d) Wlej skąpą filiżankę ciasta przez górną część dzióbka. Gdy zabrzmi dźwięk, gofr jest gotowy. Ostrożnie otwórz gofrownicę i wyjmij upieczony gofr.

e) Zamknij gofrownicę i powtórz czynność z pozostałym ciastem.

45. Gofry z ricottą i malinami

Wystarczy na 6 gofrów

Składniki:
- 2 szklanki mąki uniwersalnej
- 2 łyżki polenty
- 2 łyżki białego cukru
- ¾ łyżeczki sody oczyszczonej
- ¾ łyżeczki soli w płatkach
- 2 szklanki maślanki
- 2 duże jajka
- 2/3 szklanki ricotty
- 1 łyżeczka czystego ekstraktu waniliowego
- ½ szklanki oleju roślinnego
- ¼ szklanki dżemu/konfitury malinowej

Wskazówki

a) Wymieszaj suche składniki w dużej misce; ubijaj, aż dobrze się połączą. W dużej misce pomiarowej lub oddzielnej misce wymieszaj maślankę, jajka, ricottę, ekstrakt waniliowy i olej; ubijaj, aż się połączą.

b) Dodaj płynne składniki do suchych i ubij, aż będą gładkie. Nałóż łyżką dżem/konfiturę na ciasto i zamieszaj.

c) Rozgrzej gofrownicę do żądanego ustawienia (po nagrzaniu usłyszysz sygnał dźwiękowy).

d) Powoli wlej niewielką ilość ciasta przez górną część dziobka, upewniając się, że ciasto spływa do gofrownicy, a nie wypełnia dzióbka całym ciastem na raz.

e) Gdy zabrzmi dźwięk, gofr jest gotowy. Ostrożnie otwórz gofrownicę i wyjmij upieczony gofr.

f) Zamknij gofrownicę i powtórz czynność z pozostałym ciastem.

46. Wafle bananowe

Wystarczy na 6 gofrów

Składniki:

- 2 szklanki mąki uniwersalnej
- 2 łyżki polenty lub suszonej kukurydzy
- 2 łyżki jasnobrązowego cukru
- ¾ łyżeczki sody oczyszczonej
- ¾ łyżeczki soli w płatkach
- ¼ łyżeczki mielonego cynamonu
- 2 szklanki maślanki
- 2 duże jajka
- 1 szklanka rozgniecionego banana
- 2 łyżeczki czystego ekstraktu waniliowego
- 2/3 szklanki oleju roślinnego

Wskazówki

a) Wymieszaj suche składniki w dużej misce, aż do dokładnego połączenia.

b) W dużej miarce lub oddzielnej misce wymieszaj pozostałe składniki, aż się połączą (upewnij się, że banan jest dobrze zmiksowany).

c) Jeśli powstaną jakieś grudki, można je wygładzić blenderem ręcznym, stołowym lub robotem kuchennym.

d) Dodaj płynne składniki do suchych i ubijaj, aż do uzyskania gładkiej masy.

e) Rozgrzej gofrownicę do żądanego ustawienia (po nagrzaniu usłyszysz sygnał dźwiękowy).

f) Wlej skąpą filiżankę ciasta przez górną część dzióbka. Gdy zabrzmi dźwięk, gofr jest gotowy. Ostrożnie otwórz gofrownicę i wyjmij upieczony gofr.

g) Zamknij gofrownicę i powtórz czynność z pozostałym ciastem.

47. Wafle czekoladowe

Wystarczy na 6 gofrów

Składniki:
- 2 szklanki mąki uniwersalnej
- ½ szklanki białego cukru
- 2/3 szklanki niesłodzonego kakao w proszku, przesianego
- 2 łyżeczki proszku do pieczenia
- ½ łyżeczki sody oczyszczonej
- ½ łyżeczki soli w płatkach
- ½ łyżeczki mielonego cynamonu
- 2½ szklanki maślanki
- 2 duże jajka
- 1 łyżeczka czystego ekstraktu waniliowego
- 1/3 szklanki oleju roślinnego
- ½ szklanki półsłodkiej mini czekolady
- kęsy

Wskazówki

a) W dużej misce wymieszaj mąkę, cukier, kakao, proszek do pieczenia, sodę oczyszczoną, sól i cynamon; wymieszaj trzepaczką do połączenia składników.

b) W dużej miarce lub w oddzielnej misce wymieszaj składniki płynne i ubij trzepaczką do połączenia.

c) Dodaj do suchych składników i ubij, aż do uzyskania gładkiej konsystencji. Wmieszaj kawałki.

d) Rozgrzej gofrownicę do żądanego ustawienia (po nagrzaniu usłyszysz sygnał dźwiękowy).

e) Wlej skąpą filiżankę ciasta przez górną część dzióbka. Gdy zabrzmi dźwięk, gofr jest gotowy. Ostrożnie otwórz gofrownicę i wyjmij upieczony gofr.

f) Zamknij gofrownicę i powtórz czynność z pozostałym ciastem.

48. Wafle cynamonowo-cukrowe

Wystarczy na 6 gofrów

Składniki:
- 2 szklanki mąki uniwersalnej
- 2 łyżki polenty lub suszonej kukurydzy
- ¼ szklanki jasnego lub ciemnego brązowego cukru
- 1 łyżeczka mielonego cynamonu
- ¾ łyżeczki sody oczyszczonej
- ¾ łyżeczki soli w płatkach
- 2½ szklanki maślanki
- 2 duże jajka
- 1 łyżeczka czystego ekstraktu waniliowego
- 2/3 szklanki oleju roślinnego

Wskazówki

a) Wymieszaj suche składniki w dużej misce, aż do dokładnego połączenia.

b) W dużej miarce lub oddzielnej misce wymieszaj pozostałe składniki, aż się połączą.

c) Dodaj do suchych składników i mieszaj do uzyskania gładkiej masy.

d) Rozgrzej gofrownicę do żądanego ustawienia (po nagrzaniu usłyszysz sygnał dźwiękowy).

e) Wlej skąpą filiżankę ciasta przez górną część dzióbka. Gdy zabrzmi dźwięk, gofr jest gotowy. Ostrożnie otwórz gofrownicę i wyjmij upieczony gofr.

f) Zamknij gofrownicę i powtórz czynność z pozostałym ciastem.

49. Wafle truskawkowo-kruche

Wystarczy na 4 porcje

Składniki:
- 1 litr świeżych truskawek, bez szypułek i pokrojonych w plasterki
- 3 łyżki białego cukru
- Szczypta soli w płatkach
- 1 szklanka śmietany kremówki
- 3 łyżki cukru pudru
- ½ łyżeczki czystego ekstraktu waniliowego
- przygotowane gofry

Wskazówki

a) W średniej misce wymieszaj truskawki, biały cukier i szczyptę soli. Odstaw do zmacerowania, aż będą gotowe do podania.

b) W dużej misce wymieszaj śmietanę kremówkę, cukier puder, wanilię i sól.

c) Używając miksera ręcznego z końcówką do ubijania, ubijaj, aż do uzyskania średnio-miękkich szczytów. Odstaw.

d) Podawać z bitą śmietaną i odrobiną macerowanych truskawek.

e) Skropić odrobiną soku z truskawek (zebranych na dnie miski miksującej) truskawki. Oprószyć cukrem pudrem, jeśli chcesz.

f) Na każdego gofra będziesz potrzebować jedynie około 1/3 szklanki bitej śmietany i 1/3 szklanki truskawek.

NALEŚNIKI

50. Naleśniki Red Velvet

Składniki:

Byczy
- ½ szklanki zwykłego kefiru
- 2 łyżki cukru pudru

Naleśniki
- 1¾ szklanki płatków owsianych tradycyjnych
- 3 łyżki kakao w proszku
- 1½ łyżeczki proszku do pieczenia
- 1 łyżeczka sody oczyszczonej
- ¼ łyżeczki soli
- 3 łyżki syropu klonowego
- 2 łyżki oleju kokosowego (roztopionego)
- 1½ szklanki mleka 2% o obniżonej zawartości tłuszczu
- 1 duże jajko
- 1 łyżeczka czerwonego barwnika spożywczego
- Wiórki lub chipsy czekoladowe do serwowania

Wskazówki

a) Do polewy dodaj oba składniki do małej miski i mieszaj, aż się połączą. Odstaw.

b) W przypadku naleśników dodaj wszystkie składniki do blendera wysokoobrotowego i zmiksuj na wysokich obrotach, aby je upłynnić. Upewnij się, że wszystko jest dobrze wymieszane.
c) Pozostaw ciasto na 5 do 10 minut. Pozwoli to wszystkim składnikom połączyć się i nada ciastu lepszą konsystencję.
d) Spryskaj patelnię lub ruszt o nieprzywierającej powierzchni obficie olejem roślinnym i rozgrzej na średnim ogniu.
e) Gdy patelnia jest gorąca, dodaj ciasto za pomocą miarki $\frac{1}{4}$ szklanki i wlej ciasto na patelnię, aby zrobić naleśnik. Użyj miarki, aby pomóc uformować naleśnik.
f) Smażyć, aż brzegi naleśnika będą gotowe, a na środku pojawią się bąbelki (około 2-3 minut), następnie przewrócić naleśnik na drugą stronę.
g) Gdy naleśnik będzie już upieczony z tej strony, zdejmij go z ognia i połóż na talerzu.
h) Powtórz te same czynności z resztą ciasta.

i) Ułóż w stos i podawaj z polewą i kawałkami czekolady.

51. Naleśniki z gorzką czekoladą

Składniki:

Pożywny
- 1 szklanka gorzkich kawałków czekolady
- $\frac{1}{2}$ szklanki śmietanki kremówki

Naleśniki
- $1\frac{3}{4}$ szklanki płatków owsianych tradycyjnych
- $1\frac{1}{2}$ łyżeczki proszku do pieczenia
- 1 łyżeczka sody oczyszczonej
- $\frac{1}{2}$ łyżeczki cynamonu
- $\frac{1}{4}$ łyżeczki soli
- 2 łyżki oleju kokosowego (roztopionego)
- 1 łyżka syropu klonowego
- 1 łyżeczka ekstraktu waniliowego
- $1\frac{1}{2}$ szklanki mleka 2% o obniżonej zawartości tłuszczu
- 1 duże jajko
- Cukier puder i pokrojone truskawki do podania

Wskazówki

Do wypełnienia

a) Wsyp kawałki czekolady do miski, a do małego rondelka wlej śmietankę.

b) Podgrzewaj śmietankę, aż na brzegach zacznie się pienić, następnie zalej nią czekoladę.
c) Odstaw czekoladę na 2 minuty (dzięki temu czekolada szybciej się rozpuści), a następnie wymieszaj, aż powstanie gęsta ganache.
d) Wyłóż blachę do pieczenia papierem pergaminowym.
e) Nasmaruj olejem wewnętrzną stronę okrągłej foremki do ciastek o średnicy 5 cm.
f) Wlej 1 łyżeczkę czekolady do foremki do ciastek i rozprowadź ją tak, aby utworzyła okrąg. Wyjmij foremkę i kontynuuj formowanie okręgów ganache (powinno wyjść około sześciu).
g) Włóż blachę do pieczenia do zamrażarki i zamroź ganache na co najmniej 4 godziny lub na całą noc.

Do naleśników

a) Dodaj wszystkie składniki, oprócz truskawek, do blendera wysokoobrotowego i zmiksuj na wysokich obrotach, aby je upłynnić. Upewnij się, że wszystko jest dobrze zmiksowane.

b) Wlej ciasto do miski i odstaw na 2-3 minuty. Pozwoli to cieście zgęstnieć, aby mogło utrzymać czekoladę, gdy przewrócisz naleśniki.
c) Spryskaj patelnię lub ruszt o nieprzywierającej powierzchni obficie olejem roślinnym i rozgrzej na średnim ogniu.
d) Gdy patelnia będzie już gorąca, wlej ciasto na patelnię za pomocą miarki o pojemności $\frac{1}{4}$ szklanki.
e) Delikatnie rozprowadź ciasto za pomocą miarki, nadając mu okrągły kształt.
f) Umieść 1 zamrożony okrąg ganache (odwrócony tak, aby grudkowata strona była na dole) w środku ciasta i delikatnie wciśnij go w ciasto. Wlej więcej ciasta na okrąg ganache, aż będzie pokryty.
g) Smaż, aż ciasto będzie suche w dotyku (około 3-4 minut), a następnie ostrożnie przewróć naleśnik.
h) Kontynuuj smażenie, aż druga strona naleśnika będzie złotobrązowa.
i) Gdy naleśnik będzie już upieczony z tej strony, zdejmij go z ognia i połóż na talerzu.

j) Kontynuuj z resztą ciasta i czekoladą.
k) Podawaj naleśniki z cukrem pudrem i pokrojonymi truskawkami.

52. Naleśniki z ananasem do góry nogami

Składniki:

- 1 (20-uncjowa) puszka krążków ananasowych (odsączonych)
- 1¾ szklanki płatków owsianych tradycyjnych
- 1½ łyżeczki proszku do pieczenia
- 1 łyżeczka sody oczyszczonej
- ½ łyżeczki cynamonu
- ¼ łyżeczki soli
- 2 łyżki syropu klonowego
- 2 łyżki oleju kokosowego (roztopionego)
- 1½ szklanki mleka 2% o obniżonej zawartości tłuszczu
- 1 duże jajko
- Cukier brązowy
- Wiśnie maraschino (bez szypułek i przekrojone na pół) do podania

Wskazówki

a) Połóż krążki ananasa na podwójnej warstwie ręczników papierowych, aby odsączyć nadmiar płynu.

b) Dodaj wszystkie składniki, oprócz ananasa, brązowego cukru i wiśni maraschino, do blendera wysokoobrotowego i zmiksuj na wysokich

obrotach, aby je upłynnić. Upewnij się, że wszystko jest dobrze zmiksowane.
c) Wlej ciasto do miski i odstaw na 2-3 minuty. Dzięki temu ciasto zgęstnieje, aby utrzymać krążki ananasa, gdy przewrócisz naleśniki.
d) Spryskaj patelnię lub ruszt o nieprzywierającej powierzchni obficie olejem roślinnym i rozgrzej na średnim ogniu.
e) Gdy patelnia jest już gorąca, wlej ciasto do patelni za pomocą miarki o pojemności $\frac{1}{4}$ szklanki. Delikatnie rozprowadź ciasto w okrągły kształt za pomocą miarki.
f) Umieść pierścień ananasa w środku ciasta i delikatnie wciśnij go w ciasto. Lekko posyp krążek ananasa brązowym cukrem bezpośrednio na nim.
g) Smaż, aż ciasto będzie suche w dotyku (około 3–4 minut), a następnie ostrożnie przewróć naleśnik.
h) Kontynuuj gotowanie, aż ananas będzie miękki i skarmelizowany.
i) Gdy naleśnik będzie już upieczony z tej strony, zdejmij go z ognia i połóż na talerzu.

j) Podawaj każdy naleśnik z wisienką maraschino umieszczoną w środku ananasa.

53. Naleśniki cytrynowe z bezą

Składniki:

Beza

- 4 duże białka jaj
- 3 łyżki cukru

Naleśniki

- 2 jajka
- ½ szklanki serka wiejskiego
- ½ łyżeczki ekstraktu waniliowego
- 1 łyżka miodu
- ¼ szklanki mąki orkiszowej
- ½ łyżeczki proszku do pieczenia
- ¼ łyżeczki sody oczyszczonej
- 2 łyżeczki bezcukrowej galaretki cytrynowej

Wskazówki

Do bezy

    a) Dodaj białka do miski i ubijaj, aż utworzą się miękkie szczyty. Miękkie szczyty powstają, gdy wyciągasz trzepaczki z mieszanki, a szczyty się tworzą, ale szybko opadają.

    b) Dodaj cukier do białek i ubijaj dalej, aż utworzą się sztywne szczyty. Sztywne szczyty powstają, gdy wyciągasz trzepaczki z mieszanki, a szczyt się uformuje i utrzyma swój kształt.

    c) Odłóż bezę na bok.

    d) Roztrzepać jajka, serek wiejski, wanilię i miód, odstawić.

    e) W osobnej misce wymieszaj suche składniki, aż się dobrze połączą.

    f) Dodaj mokre składniki do suchych i mieszaj, aż do dokładnego połączenia.

    g) Spryskaj patelnię lub ruszt o nieprzywierającej powierzchni obficie olejem roślinnym i rozgrzej na średnim ogniu.

h) Gdy patelnia jest gorąca, dodaj ciasto za pomocą miarki $\frac{1}{4}$ szklanki i wlej ciasto na patelnię, aby zrobić naleśnik. Użyj miarki, aby pomóc uformować naleśnik.
i) Smażyć, aż brzegi naleśnika będą gotowe, a na środku pojawią się bąbelki (około 2-3 minut), następnie przewrócić naleśnik na drugą stronę.
j) Gdy naleśnik będzie już upieczony z tej strony, zdejmij go z ognia i połóż na talerzu.
k) Powtórz te same czynności z resztą ciasta.
l) Posmaruj naleśniki bezą.
m) Aby zrumienić bezę, możesz użyć palnika, by lekko zrumienić jej brzegi, albo włożyć naleśniki z wierzchem do gorącego piekarnika na 2-3 minuty.

54. Naleśniki cynamonowe

Składniki:

Polewa z serka śmietankowego z nerkowców

- 1 szklanka surowych orzechów nerkowca
- ⅓ szklanki wody
- 2 łyżki miodu
- 1 łyżeczka octu jabłkowego
- 1 łyżeczka soku z cytryny
- ½ łyżeczki ekstraktu waniliowego
- ½ łyżeczki soli koszernej

Nadzienie cynamonowe

- ½ szklanki brązowego cukru
- 4 łyżki roztopionego masła
- 3 łyżeczki cynamonu

Naleśniki

- 1¾ szklanki płatków owsianych tradycyjnych
- 1½ łyżeczki proszku do pieczenia
- 1 łyżeczka sody oczyszczonej
- ½ łyżeczki cynamonu
- ¼ łyżeczki soli
- 2 łyżki oleju kokosowego, roztopionego
- 1 łyżka syropu klonowego
- 1 duże jajko
- 1 łyżeczka ekstraktu waniliowego

- 1½ szklanki mleka 2% o obniżonej zawartości tłuszczu

Wskazówki

a) Namocz orzechy nerkowca w wodzie i pozostaw na noc.
b) Odsącz nerkowce, a następnie dodaj je do blendera wraz z resztą składników.
c) Zmiksuj mieszankę orzechów nerkowca, aż będzie kremowa i bez grudek.
d) Przełóż nadzienie do małego pojemnika z pokrywką i odstaw.

Do nadzienia cynamonowego

a) Dodaj wszystkie składniki i wymieszaj, upewniając się, że wszystkie grudki zostały rozbite.
b) Wlej tę mieszankę do woreczka śniadaniowego. Odetnij końcówkę rogu woreczka i użyj go jako woreczka do wyciskania, aby wycisnąć cynamonowy wir na naleśniki.

Do naleśników

a) Dodaj wszystkie składniki do blendera. Roztopiony olej kokosowy może stwardnieć, jeśli połączysz go z

chłodniejszymi składnikami, więc możesz lekko podgrzać mleko, aby zapobiec temu, jeśli chcesz.
b) Zmiksuj wszystko w blenderze do uzyskania gładkiej konsystencji.
c) Wlej ciasto na naleśniki do dużej miski.
d) Pozostaw ciasto na 5 do 10 minut. Pozwoli to na połączenie się wszystkich składników i nada ciastu lepszą konsystencję.
e) Spryskaj patelnię lub ruszt o nieprzywierającej powierzchni obficie olejem roślinnym i rozgrzej na średnim ogniu.
f) Gdy patelnia jest gorąca, dodaj ciasto za pomocą miarki $\frac{1}{4}$ szklanki i wlej ciasto na patelnię, aby zrobić naleśnik. Delikatnie rozprowadź ciasto w okrągły kształt za pomocą miarki.
g) Odetnij końcówkę woreczka z nadzieniem cynamonowym i wyciśnij odrobinę cynamonu na naleśnik.
h) Smażyć, aż brzegi naleśnika będą gotowe, a na środku pojawią się bąbelki (około 2–3 minut), następnie przewrócić naleśnik na drugą stronę.

i) Gdy naleśnik będzie już upieczony z tej strony, zdejmij go z ognia i połóż na talerzu.
j) Podawaj naleśniki z kremem serowym z nerkowców.

55. Naleśniki kefirowe

Składniki:
- 1½ szklanki mąki orkiszowej
- 1½ łyżeczki proszku do pieczenia
- 1 łyżeczka sody oczyszczonej
- ½ łyżeczki soli
- 2 łyżki oleju kokosowego, roztopionego
- 2 duże jajka, ubite
- ¼ szklanki mleka o obniżonej zawartości tłuszczu 2%
- 1¼ szklanki zwykłego kefiru, lekko podgrzanego
- ¼ szklanki syropu klonowego
- Borówki do podania (opcjonalnie)

Wskazówki

a) Do dużej miski wsyp mąkę, proszek do pieczenia, sodę oczyszczoną i sól, a następnie dokładnie wymieszaj.

b) Dodaj pozostałe składniki do innej miski i ubij, aby dokładnie się połączyły. Roztopiony olej kokosowy może stwardnieć, gdy połączysz go z chłodniejszymi składnikami, więc możesz lekko podgrzać mleko, aby zapobiec temu, jeśli chcesz.

c) Wlej mokre składniki do suchych i mieszaj, aż wszystkie składniki będą mokre.
d) Pozostaw ciasto na 2 do 3 minut. Pozwoli to wszystkim składnikom połączyć się i nada ciastu lepszą konsystencję.
e) Spryskaj patelnię lub ruszt o nieprzywierającej powierzchni obficie olejem roślinnym i rozgrzej na średnim ogniu.
f) Gdy patelnia jest gorąca, dodaj ciasto za pomocą miarki $\frac{1}{4}$ szklanki i wlej ciasto na patelnię, aby zrobić naleśnik. Użyj miarki, aby pomóc uformować naleśnik.
g) Smażyć, aż brzegi naleśnika będą gotowe, a na środku pojawią się bąbelki (około 2-3 minut), następnie przewrócić naleśnik na drugą stronę.
h) Gdy naleśnik będzie już upieczony z tej strony, zdejmij go z ognia i połóż na talerzu.
i) Kontynuuj te kroki z resztą ciasta. Podawaj z borówkami, jeśli chcesz.

56. Naleśniki z serem wiejskim

Składniki:

- ¼ szklanki mąki orkiszowej
- ½ łyżeczki proszku do pieczenia
- ¼ łyżeczki sody oczyszczonej
- ⅛ łyżeczki cynamonu
- ⅛ łyżeczki soli
- 2 duże jajka, ubite
- ½ szklanki 2% chudego serka wiejskiego
- 1 łyżka miodu
- ½ łyżeczki ekstraktu waniliowego
- Truskawki do podania (opcjonalnie)

Wskazówki

a) Dodaj wszystkie suche składniki do miski i ubijaj, aż do dokładnego połączenia.
b) W osobnej misce wymieszaj trzepaczką mokre składniki.
c) Dodaj mokre składniki do suchych i wymieszaj dokładnie, aby się połączyły.
d) Pozostaw ciasto na 5 do 10 minut. Pozwoli to wszystkim składnikom połączyć się i nada ciastu lepszą konsystencję.
e) Spryskaj patelnię lub ruszt o nieprzywierającej powierzchni obficie

olejem roślinnym i rozgrzej na średnim ogniu.

f) Gdy patelnia jest gorąca, dodaj ciasto za pomocą miarki ¼ szklanki i wlej ciasto na patelnię, aby zrobić naleśnik. Użyj miarki, aby pomóc uformować naleśnik.

g) Smażyć, aż brzegi naleśnika będą gotowe, a na środku pojawią się bąbelki (około 2-3 minut), następnie przewrócić naleśnik na drugą stronę.

h) Gdy naleśnik będzie już upieczony z tej strony, zdejmij go z ognia i połóż na talerzu.

i) Kontynuuj te kroki z resztą ciasta. Podawaj z truskawkami, jeśli chcesz.

57. Naleśniki owsiane

Składniki:
- 1¾ szklanki płatków owsianych tradycyjnych
- 1½ łyżeczki proszku do pieczenia
- 1 łyżeczka sody oczyszczonej
- ½ łyżeczki cynamonu
- ¼ łyżeczki soli
- 2 łyżki oleju kokosowego, roztopionego
- 1 łyżka syropu klonowego
- 1 duże jajko
- 1 łyżeczka ekstraktu waniliowego
- 1½ szklanki mleka 2% o obniżonej zawartości tłuszczu
- Truskawki i borówki do podania (opcjonalnie)

Wskazówki

a) Dodaj wszystkie składniki do blendera. Roztopiony olej kokosowy może stwardnieć, jeśli połączysz go z chłodniejszymi składnikami, więc możesz lekko podgrzać mleko, aby zapobiec temu, jeśli chcesz.

b) Zmiksuj wszystko w blenderze do uzyskania gładkiej konsystencji.

c) Wlej masę naleśnikową do dużej miski.
d) Pozostaw ciasto na 5 do 10 minut. Pozwoli to na połączenie się wszystkich składników i nada ciastu lepszą konsystencję.
e) Spryskaj patelnię lub ruszt o nieprzywierającej powierzchni obficie olejem roślinnym i rozgrzej na średnim ogniu.
f) Gdy patelnia jest gorąca, dodaj ciasto za pomocą miarki $\frac{1}{4}$ szklanki i wlej ciasto na patelnię, aby zrobić naleśnik. Użyj miarki, aby pomóc uformować naleśnik.
g) Smażyć, aż brzegi naleśnika będą gotowe, a na środku pojawią się bąbelki (około 2-3 minut), następnie przewrócić naleśnik na drugą stronę.
h) Gdy naleśnik będzie już upieczony z tej strony, zdejmij go z ognia i połóż na talerzu.
i) Kontynuuj te kroki z resztą ciasta. Podawaj z jagodami, jeśli chcesz.

58. Naleśniki z 3 składników

Składniki:

- 1 dojrzały banan i więcej do podania
- 2 duże jajka
- $\frac{1}{2}$ łyżeczki proszku do pieczenia

Wskazówki

a) Dodaj banana do miski i rozgnieć go, aż będzie miał kremową konsystencję — bez grudek.

b) Wbij jajka do innej miski i ubijaj, aż będą dokładnie wymieszane.

c) Dodaj proszek do pieczenia do miski z bananem, a następnie wlej jajka. Ubij, aby wszystko całkowicie się połączyło.

d) Spryskaj patelnię lub ruszt o nieprzywierającej powierzchni obficie olejem roślinnym i rozgrzej na średnim ogniu.

e) Gdy patelnia będzie już gorąca, wlej na nią 2 łyżki ciasta i zrób naleśnik.

f) Smażyć, aż brzegi naleśnika będą gotowe (nie będzie widać żadnych pęcherzyków powietrza), następnie ostrożnie przewrócić naleśnik na drugą stronę.

g) Gdy naleśnik będzie już upieczony z tej strony, zdejmij go z ognia i połóż na talerzu.

h) Kontynuuj te kroki z resztą ciasta. Podawaj z pokrojonym bananem, jeśli chcesz.

59. Naleśniki z masłem migdałowym

Składniki:

- 1 duże jajko
- 1 łyżka oleju kokosowego, roztopionego
- 1 łyżka syropu klonowego
- 1 łyżka masła migdałowego i więcej do podania
- 1 łyżeczka proszku do pieczenia
- ½ łyżeczki ekstraktu waniliowego
- ¼ łyżeczki soli
- ½ szklanki mleka 2% o obniżonej zawartości tłuszczu
- ¾ szklanki mąki orkiszowej
- Wiśnie do podania (opcjonalnie)

Wskazówki

a) Do dużej miski wbij jajko, olej kokosowy, syrop klonowy, masło migdałowe, proszek do pieczenia, wanilię i sól, a następnie dokładnie wymieszaj.

b) Dodaj mleko do mieszanki i ponownie wymieszaj, aby składniki się połączyły.

c) Dodaj mąkę do mieszanki i ubijaj, aby dokładnie połączyć składniki.

d) Pozostaw ciasto na 2-3 minuty. Pozwoli to cieście zgęstnieć, tak aby wszystkie składniki się połączyły.

e) Spryskaj patelnię lub ruszt o nieprzywierającej powierzchni obficie olejem roślinnym i rozgrzej na średnim ogniu.

f) Gdy patelnia jest gorąca, dodaj ciasto za pomocą miarki ¼ szklanki i wlej ciasto na patelnię, aby zrobić naleśnik. Użyj miarki, aby pomóc uformować naleśnik.

g) Smażyć, aż brzegi naleśnika będą gotowe, a na środku pojawią się bąbelki (około 2-3 minut), następnie przewrócić naleśnik na drugą stronę.

h) Gdy naleśnik będzie już upieczony z tej strony, zdejmij go z ognia i połóż na talerzu.

i) Powtórz te same czynności z resztą ciasta.

j) Podawaj naleśniki z roztopionym masłem migdałowym i wiśniami, jeśli chcesz. Aby rozpuścić masło migdałowe, nabierz odpowiednią ilość do naczynia nadającego się do mikrofalówki i podgrzewaj na wysokim poziomie w odstępach 30-sekundowych, aż się rozpuści. Mieszaj między podgrzewaniem.

60. Naleśniki tiramisu

Składniki:
- 1¾ szklanki płatków owsianych tradycyjnych
- 1½ łyżki bezcukrowej waniliowej mieszanki budyniowej Jell-O
- 2 łyżeczki rozpuszczalnego espresso
- 1½ łyżeczki kakao w proszku
- 1½ łyżeczki proszku do pieczenia
- 1 łyżeczka sody oczyszczonej
- ½ łyżeczki cynamonu
- ¼ łyżeczki soli
- 2 łyżki oleju kokosowego, roztopionego
- 1 łyżka syropu klonowego
- 1 duże jajko
- 1 łyżeczka ekstraktu waniliowego
- 1 szklanka mleka o obniżonej zawartości tłuszczu 2%
- Bita śmietana do podania
- Wiórki czekoladowe do serwowania

Wskazówki

a) Dodaj wszystkie składniki, oprócz bitej śmietany i wiórków czekoladowych, do blendera. Roztopiony olej kokosowy może stwardnieć, gdy połączysz go z chłodniejszymi składnikami, więc możesz lekko podgrzać mleko, aby zapobiec temu, jeśli chcesz.

b) Zmiksuj wszystko w blenderze do uzyskania gładkiej konsystencji.

c) Wlej masę naleśnikową do dużej miski.

d) Pozostaw ciasto na 2 do 3 minut. Pozwoli to wszystkim składnikom połączyć się i nada ciastu lepszą konsystencję.

e) Spryskaj patelnię lub ruszt o nieprzywierającej powierzchni obficie olejem roślinnym i rozgrzej na średnim ogniu.

f) Gdy patelnia jest gorąca, dodaj ciasto za pomocą miarki $\frac{1}{4}$ szklanki i wlej ciasto na patelnię, aby zrobić naleśnik. Użyj miarki, aby pomóc uformować naleśnik.

g) Smażyć, aż brzegi naleśnika będą gotowe, a na środku pojawią się bąbelki (około 2-3 minut), następnie przewrócić naleśnik na drugą stronę.
h) Gdy naleśnik będzie już upieczony z tej strony, zdejmij go z ognia i połóż na talerzu.
i) Powtórz te same czynności z resztą ciasta.
j) Udekoruj bitą śmietaną i wiórkami czekoladowymi.

61. Naleśniki cytrynowo-borówkowe

Składniki:

- 1½ szklanki mąki orkiszowej
- 1½ łyżeczki proszku do pieczenia
- 1 łyżeczka sody oczyszczonej
- ½ łyżeczki soli
- Skórka z 1 cytryny
- 2 łyżki oleju kokosowego, roztopionego
- 2 duże jajka, ubite
- ¼ szklanki mleka o obniżonej zawartości tłuszczu 2%
- ¼ szklanki syropu klonowego i więcej do podania
- 1¼ szklanki zwykłego kefiru (lekko podgrzanego)
- ½ szklanki borówek

Wskazówki

a) Do dużej miski wsyp mąkę, proszek do pieczenia, sodę oczyszczoną i sól, a następnie dokładnie wymieszaj.

b) Dodaj olej kokosowy, jajka, mleko, syrop klonowy, skórkę z cytryny i kefir do miski i ubij, aby połączyć. Roztopiony olej kokosowy może stwardnieć, gdy połączysz go z chłodniejszymi składnikami, więc możesz lekko podgrzać kefir, aby zapobiec temu, jeśli chcesz.

c) Wlej mokre składniki do suchych i mieszaj, aż wszystkie składniki będą mokre.

d) Pozostaw ciasto na 2 do 3 minut. Pozwoli to wszystkim składnikom połączyć się i nada ciastu lepszą konsystencję.

e) Spryskaj patelnię lub ruszt o nieprzywierającej powierzchni obficie olejem roślinnym i rozgrzej na średnim ogniu.

f) Gdy patelnia jest gorąca, dodaj ciasto za pomocą miarki $\frac{1}{4}$ szklanki i wlej ciasto na patelnię, aby zrobić naleśnik. Użyj miarki, aby pomóc uformować naleśnik.

g) Na każdym naleśniku połóż od 3 do 5 jagód. Trzymaj jagody bliżej środka, aby łatwiej było przewrócić naleśnik.

h) Smażyć, aż brzegi naleśnika będą gotowe, a na środku pojawią się bąbelki (około 2-3 minut), następnie przewrócić naleśnik na drugą stronę.

i) Gdy naleśnik będzie już upieczony z tej strony, zdejmij go z ognia i połóż na talerzu.

j) Kontynuuj te kroki z resztą ciasta. Podawaj z syropem klonowym.

62. Naleśniki z komosą ryżową

Składniki:

- 1 szklanka (dowolnego koloru) ugotowanej komosy ryżowej
- ¾ szklanki mąki z komosy ryżowej
- 2 łyżeczki proszku do pieczenia
- ½ łyżeczki soli
- 1 łyżka roztopionego masła
- ¼ szklanki jogurtu greckiego
- 2 łyżki mleka 2% o obniżonej zawartości tłuszczu
- 2 duże jajka, ubite
- 2 łyżki syropu klonowego
- 1 łyżeczka ekstraktu waniliowego
- Konfitury owocowe do podania (opcjonalnie)

Wskazówki

a) W dużej misce wymieszaj komosę ryżową, mąkę, proszek do pieczenia i sól, aż składniki dokładnie się połączą.

b) W innej misce ubij masło, jogurt, mleko, jajka, syrop klonowy i wanilię. Ubij wszystko razem, aby dobrze się połączyło.

c) Dodaj mokre składniki do suchych i mieszaj, aż do dokładnego połączenia.
d) Pozostaw ciasto na 2 do 3 minut. Pozwoli to wszystkim składnikom połączyć się i nada ciastu lepszą konsystencję.
e) Spryskaj patelnię lub ruszt o nieprzywierającej powierzchni obficie olejem roślinnym i rozgrzej na średnim ogniu.
f) Gdy patelnia jest gorąca, dodaj ciasto za pomocą miarki $\frac{1}{4}$ szklanki i wlej ciasto na patelnię, aby zrobić naleśnik. Użyj miarki, aby pomóc uformować naleśnik.
g) Smażyć, aż brzegi naleśnika będą gotowe, a na środku pojawią się bąbelki (około 2-3 minut), następnie przewrócić naleśnik na drugą stronę.
h) Gdy naleśnik będzie już upieczony z tej strony, zdejmij go z ognia i połóż na talerzu.
i) Kontynuuj te kroki z resztą ciasta. Podawaj z konfiturami owocowymi, jeśli chcesz.

63. Greckie naleśniki owsiane z jogurtem

Składniki:

- 1¾ szklanki płatków owsianych tradycyjnych
- 1½ łyżeczki proszku do pieczenia
- 1 łyżeczka sody oczyszczonej
- ½ łyżeczki cynamonu
- ¼ łyżeczki soli
- 1 duże jajko
- 2 łyżki oleju kokosowego, roztopionego
- 1 łyżka syropu klonowego i więcej do podania
- 1 łyżeczka ekstraktu waniliowego
- 1 szklanka zwykłego jogurtu greckiego
- ¼ szklanki mleka o obniżonej zawartości tłuszczu 2%

Wskazówki

a) Dodaj wszystkie składniki do blendera. Roztopiony olej kokosowy może stwardnieć, jeśli połączysz go z chłodniejszymi składnikami, więc możesz lekko podgrzać mleko, aby zapobiec temu, jeśli chcesz.

b) Zmiksuj wszystko w blenderze do uzyskania gładkiej konsystencji.

c) Wlej masę naleśnikową do dużej miski.
d) Pozostaw ciasto na 5 do 10 minut. Pozwoli to wszystkim składnikom połączyć się i nada ciastu lepszą konsystencję.
e) Spryskaj patelnię lub ruszt o nieprzywierającej powierzchni obficie olejem roślinnym i rozgrzej na średnim ogniu.
f) Gdy patelnia jest gorąca, dodaj ciasto za pomocą miarki $\frac{1}{4}$ szklanki i wlej ciasto na patelnię, aby zrobić naleśnik. Użyj miarki, aby pomóc uformować naleśnik.
g) Smażyć, aż brzegi naleśnika będą gotowe, a na środku pojawią się bąbelki (około 2 minut), następnie przewrócić naleśnik na drugą stronę.
h) Gdy naleśnik będzie już upieczony z tej strony, zdejmij go z ognia i połóż na talerzu.
i) Kontynuuj te kroki z resztą ciasta. Podawaj z syropem klonowym.

64. Piernikowe naleśniki

Składniki:

Byczy
- ¼ szklanki zwykłego jogurtu greckiego
- 1 łyżka syropu klonowego

Naleśniki
- 1 szklanka mąki orkiszowej
- 1 łyżeczka sody oczyszczonej
- 1 łyżeczka mielonego imbiru
- 1 łyżeczka mielonego ziela angielskiego
- 1 łyżeczka cynamonu
- ¼ łyżeczki zmielonych goździków
- ¼ łyżeczki soli
- 1 duże jajko
- ½ szklanki mleka 2% o obniżonej zawartości tłuszczu
- 3 łyżki syropu klonowego
- 1 łyżeczka ekstraktu waniliowego

Wskazówki

a) Wymieszaj jogurt grecki z syropem klonowym, aż do dokładnego połączenia, i odstaw.

b) W dużej misce wymieszaj mąkę orkiszową, sodę oczyszczoną, imbir, ziele angielskie, cynamon, goździki i sól, aż składniki dokładnie się połączą.

c) W osobnej misce ubij jajko, mleko, syrop klonowy i wanilię, aż składniki się połączą.
d) Dodaj mokre składniki do suchych i mieszaj, aż do dokładnego połączenia.
e) Pozostaw ciasto na 2 do 3 minut. Pozwoli to wszystkim składnikom połączyć się i nada ciastu lepszą konsystencję.
f) Spryskaj patelnię lub ruszt o nieprzywierającej powierzchni obficie olejem roślinnym i rozgrzej na średnim ogniu.
g) Gdy patelnia będzie już gorąca, wlej ciasto za pomocą miarki o pojemności $\frac{1}{4}$ szklanki i wlej ciasto na patelnię, aby zrobić naleśnik.
h) Smażyć, aż brzegi będą gotowe, a na środku zaczną się pojawiać bąbelki.
i) Gdy naleśnik będzie już upieczony z tej strony, zdejmij go z ognia i połóż na talerzu.
j) Kontynuuj te kroki z resztą ciasta. Podawaj z jogurtem.

65. Naleśniki z jogurtem greckim

Składniki:

- 1 szklanka mąki orkiszowej
- $\frac{1}{2}$ łyżeczki proszku do pieczenia
- $\frac{1}{2}$ łyżeczki sody oczyszczonej
- $\frac{3}{4}$ szklanki zwykłego jogurtu greckiego
- $\frac{1}{2}$ szklanki + 2 łyżki mleka 2% o obniżonej zawartości tłuszczu
- 1 duże jajko
- 2 łyżki syropu klonowego

Wskazówki

a) Do miski wsyp mąkę, proszek do pieczenia i sodę oczyszczoną, wymieszaj trzepaczką.
b) W osobnej misce wymieszaj jogurt, mleko, jajko i syrop klonowy, aż do dokładnego połączenia się składników.
c) Dodaj mokre składniki do suchych i mieszaj, aż do dokładnego połączenia.
d) Pozostaw ciasto na 2 do 3 minut. Pozwoli to wszystkim składnikom połączyć się i nada ciastu lepszą konsystencję.
e) Spryskaj patelnię lub ruszt o nieprzywierającej powierzchni obficie

olejem roślinnym i rozgrzej na średnim ogniu.

f) Gdy patelnia jest gorąca, dodaj ciasto za pomocą miarki ¼ szklanki i wlej ciasto na patelnię, aby zrobić naleśnik. Użyj miarki, aby pomóc uformować naleśnik.

g) Smażyć, aż brzegi naleśnika będą gotowe, a na środku pojawią się bąbelki (około 2-3 minut), następnie przewrócić naleśnik na drugą stronę.

h) Gdy naleśnik będzie już upieczony z tej strony, zdejmij go z ognia i połóż na talerzu.

i) Powtórz te same czynności z resztą ciasta.

66. Naleśniki owsiane z rodzynkami

Składniki:

Byczy
- ½ szklanki cukru pudru
- 1 łyżka mleka 2% o obniżonej zawartości tłuszczu

Naleśniki
- 1¾ szklanki płatków owsianych tradycyjnych
- 2 łyżki brązowego cukru
- 1½ łyżeczki proszku do pieczenia
- 1 łyżeczka sody oczyszczonej
- ½ łyżeczki cynamonu
- ¼ łyżeczki soli
- 2 łyżki oleju kokosowego, roztopionego
- 1 łyżeczka ekstraktu waniliowego
- 1 szklanka mleka o obniżonej zawartości tłuszczu 2%
- ⅓ szklanki posiekanych złotych rodzynek

Wskazówki

Do posypki

a) W małej misce wymieszaj cukier puder i mleko, aż masa będzie gładka. Odstaw.

b) Do naleśników

c) Dodaj wszystkie składniki, oprócz rodzynek, do blendera. Roztopiony olej kokosowy może stwardnieć, gdy połączysz go z chłodniejszymi składnikami, więc możesz lekko podgrzać mleko, aby zapobiec temu, jeśli chcesz.

d) Zmiksuj wszystko w blenderze do uzyskania gładkiej konsystencji.

e) Wlej masę naleśnikową do dużej miski.

f) Dodaj posiekane rodzynki.

g) Pozostaw ciasto na 5 do 10 minut. Pozwoli to wszystkim składnikom połączyć się i nada ciastu lepszą konsystencję.

h) Spryskaj patelnię lub ruszt o nieprzywierającej powierzchni obficie olejem roślinnym i rozgrzej na średnim ogniu.

i) Gdy patelnia jest gorąca, dodaj ciasto za pomocą miarki $\frac{1}{4}$ szklanki i wlej ciasto na patelnię, aby zrobić naleśnik. Użyj miarki, aby pomóc uformować naleśnik.

j) Smażyć, aż brzegi naleśnika będą gotowe, a na środku pojawią się bąbelki (około 2-3 minut), następnie przewrócić naleśnik na drugą stronę.

k) Gdy naleśnik będzie już upieczony z tej strony, zdejmij go z ognia i połóż na talerzu.

l) Powtórz te same czynności z resztą ciasta.

m) Posyp cukrem.

67. Naleśniki z masłem orzechowym i galaretką

Składniki:
- 1½ szklanki mąki orkiszowej
- ¾ szklanki masła orzechowego w proszku
- 1½ łyżeczki proszku do pieczenia
- 1 łyżeczka sody oczyszczonej
- ½ łyżeczki soli
- 2 duże jajka, ubite
- 1 łyżka masła, roztopionego
- 1½ szklanki mleka 2% o obniżonej zawartości tłuszczu
- Galaretka winogronowa Concord do podania

Wskazówki

a) Do miski wsyp mąkę, masło orzechowe w proszku, proszek do pieczenia, sodę oczyszczoną i sól, wymieszaj trzepaczką.

b) W osobnej misce ubij jajka, masło i mleko, aż do dokładnego połączenia się składników.

c) Dodaj mokre składniki do suchych i mieszaj, aż do dokładnego połączenia.

d) Pozostaw ciasto na 2 do 3 minut. Pozwoli to wszystkim składnikom połączyć się i nada ciastu lepszą konsystencję.

e) Spryskaj patelnię lub ruszt o nieprzywierającej powierzchni obficie olejem roślinnym i rozgrzej na średnim ogniu.

f) Gdy patelnia jest gorąca, dodaj ciasto za pomocą miarki ¼ szklanki i wlej ciasto na patelnię, aby zrobić naleśnik. Użyj miarki, aby pomóc uformować naleśnik.

g) Smażyć, aż brzegi naleśnika będą gotowe, a na środku pojawią się bąbelki (około 2-3 minut), następnie przewrócić naleśnik na drugą stronę.

h) Gdy naleśnik będzie już upieczony z tej strony, zdejmij go z ognia i połóż na talerzu.

i) Kontynuuj te kroki z resztą ciasta. Na wierzchu połóż galaretkę winogronową.

68. Naleśniki z boczkiem

Składniki:
- 8 plastrów boczku środkowego
- 1½ szklanki mąki orkiszowej
- 1½ łyżeczki proszku do pieczenia
- 1 łyżeczka sody oczyszczonej
- ½ łyżeczki soli
- 2 duże jajka, ubite
- 1 łyżka masła, roztopionego
- 1 łyżeczka ekstraktu waniliowego
- 1¼ szklanki mleka o obniżonej zawartości tłuszczu 2%
- ¼ szklanki syropu klonowego

Wskazówki

a) Rozgrzej piekarnik do temperatury 175°C.

b) Ułóż boczek w jednej warstwie na blasze do pieczenia wyłożonej papierem pergaminowym. Dzięki temu czyszczenie będzie o wiele łatwiejsze.

c) Wsuń boczek do piekarnika i piecz przez 30 minut, lub do momentu, aż będzie gotowy.

d) Wyjmij boczek z piekarnika i połóż go na talerzu wyłożonym papierowym ręcznikiem, żeby ostygł.

e) W dużej misce dodaj mąkę, proszek do pieczenia, sodę oczyszczoną i sól. Wymieszaj, aby połączyć składniki.

f) Do osobnej miski dodaj jajka, masło, wanilię, mleko i syrop klonowy, wymieszaj trzepaczką do połączenia składników.

g) Dodaj mokre składniki do suchych i wymieszaj dokładnie, aby wszystko się połączyło.

h) Pozostaw ciasto na 2 do 3 minut. Pozwoli to wszystkim składnikom połączyć się i nada ciastu lepszą konsystencję.

i) Spryskaj patelnię lub ruszt o nieprzywierającej powierzchni obficie olejem roślinnym i rozgrzej na średnim ogniu.

j) Gdy patelnia jest już gorąca, połóż na niej pasek boczku. Wlej ¼ szklanki ciasta na boczek. Rozprowadź ciasto równomiernie na boczku, a także na bokach boczku.

k) Smaż, aż boki będą gotowe, a następnie przewróć naleśnik, aby się upiekł. Możesz zauważyć, że te naleśniki smażą się trochę szybciej po stronie boczku.

l) Gdy naleśnik będzie już upieczony z tej strony, zdejmij go z ognia i połóż na talerzu.

m) Powtórz te same czynności z resztą ciasta.

69. Naleśniki z malinami i migdałami

Składniki:
- 1½ szklanki mrożonych malin, rozmrożonych
- 2 łyżki miodu
- 1½ szklanki mąki migdałowej
- 1 łyżeczka proszku do pieczenia
- ¼ łyżeczki soli
- ¼ łyżeczki cynamonu
- 2 duże jajka, ubite
- ¼ szklanki mleka o obniżonej zawartości tłuszczu 2%
- 1 łyżka syropu klonowego
- 1 łyżeczka ekstraktu waniliowego

Wskazówki

a) Wymieszaj maliny z miodem. Podczas mieszania owoców, rozgnieć je również, aby wydobyć więcej płynu.

b) Przełóż polewę malinową do woreczka śniadaniowego, zamknij i odstaw.

c) Do naleśników

d) Do miski wsyp mąkę, proszek do pieczenia, sól i cynamon, wymieszaj trzepaczką do dokładnego połączenia.

e) W oddzielnej misce wymieszaj trzepaczką pozostałe składniki.

f) Dodaj mokre składniki do suchych i wymieszaj dokładnie, aby się połączyły.

g) Pozostaw ciasto na 5 do 10 minut. Pozwoli to wszystkim składnikom połączyć się i nada ciastu lepszą konsystencję.

h) Spryskaj patelnię lub ruszt o nieprzywierającej powierzchni obficie olejem roślinnym i rozgrzej na średnio-wysokim ogniu.

i) Gdy patelnia jest gorąca, dodaj ciasto za pomocą miarki $\frac{1}{4}$ szklanki i wlej ciasto na patelnię, aby zrobić naleśnik. Delikatnie rozprowadź ciasto w okrągły kształt za pomocą miarki.

j) Odetnij jeden róg torebki z polewą malinową i polej nią wierzch naleśnika. Za pomocą wykałaczki przeciągnij maliny przez spód naleśnika.

k) Smażyć, aż brzegi naleśnika będą gotowe, a na środku pojawią się bąbelki (około 2-3 minut), następnie przewrócić naleśnik na drugą stronę.

l) Gdy naleśnik będzie już upieczony z tej strony, zdejmij go z ognia i połóż na talerzu.

m) Powtórz te same czynności z resztą ciasta.

n) Na wierzch połóż resztę malin.

70. Naleśniki z orzechami, bananem i czekoladą

Składniki:

- 1 szklanka mąki orkiszowej
- ¼ szklanki masła orzechowego w proszku
- ½ łyżeczki proszku do pieczenia
- ½ łyżeczki sody oczyszczonej
- ¾ szklanki zwykłego jogurtu greckiego
- 1 dojrzały średni banan, rozgnieciony, plus więcej do podania (opcjonalnie)
- ¼ szklanki + 2 łyżki mleka 2% o obniżonej zawartości tłuszczu
- 1 duże jajko
- 2 łyżki syropu klonowego
- ½ szklanki kawałków czekolady i więcej do podania (opcjonalnie)
- Masło orzechowe do podania (opcjonalnie)

Wskazówki

a) Do miski wsyp mąkę, masło orzechowe, proszek do pieczenia i sodę oczyszczoną, wymieszaj trzepaczką.

b) W osobnej misce wymieszaj jogurt, rozgniecionego banana, mleko, jajko i syrop klonowy, aż składniki się połączą.

c) Dodaj mokre składniki do suchych i mieszaj, aż do dokładnego połączenia.

d) Dodaj kawałki czekolady i wymieszaj.
e) Pozostaw ciasto na 2 do 3 minut. Pozwoli to wszystkim składnikom połączyć się i nada ciastu lepszą konsystencję.
f) Spryskaj patelnię lub ruszt o nieprzywierającej powierzchni obficie olejem roślinnym i rozgrzej na średnim ogniu.
g) Gdy patelnia jest gorąca, dodaj ciasto za pomocą miarki $\frac{1}{4}$ szklanki i wlej ciasto na patelnię, aby zrobić naleśnik. Użyj miarki, aby pomóc uformować naleśnik.
h) Smażyć, aż brzegi naleśnika będą gotowe, a na środku pojawią się bąbelki (około 2–3 minut), następnie przewrócić naleśnik na drugą stronę.
i) Gdy naleśnik będzie już upieczony z tej strony, zdejmij go z ognia i połóż na talerzu.
j) Powtórz te same czynności z resztą ciasta.

71. Naleśniki waniliowo-kokosowe

Składniki:

Polewa waniliowo-kokosowa
- 1 szklanka pełnotłustego mleka kokosowego w puszce
- ¼ szklanki syropu klonowego
- 1½ łyżeczki ekstraktu waniliowego
- Mała szczypta soli

Naleśniki
- 1½ szklanki mąki orkiszowej
- ¼ szklanki wiórków kokosowych, niesłodzonych, uprażonych (plus więcej do podania)
- 1½ łyżeczki proszku do pieczenia
- 1 łyżeczka sody oczyszczonej
- ½ łyżeczki soli
- 2 duże jajka, ubite
- 2 łyżki oleju kokosowego, roztopionego
- 1 łyżka ekstraktu waniliowego
- ¼ szklanki syropu klonowego
- ¼ szklanki pełnotłustego mleka kokosowego w puszce
- 1¼ szklanki zwykłego kefiru

Wskazówki

a) Dodaj wszystkie składniki do małego rondelka i podgrzewaj na średnim ogniu.

b) Od czasu do czasu mieszaj i gotuj, aż mieszanka zacznie gęstnieć (około 7 minut).

c) Zdjąć z ognia i pozostawić do lekkiego ostygnięcia.

d) Do naleśników

e) W dużej misce dodaj mąkę, kokos, proszek do pieczenia, sodę oczyszczoną i sól. Wymieszaj, aby połączyć składniki.

f) W innej misce dodaj jajka, olej kokosowy, wanilię, syrop klonowy, mleko kokosowe i kefir i ubij, aby połączyć składniki. Roztopiony olej kokosowy może stwardnieć, gdy połączysz go z chłodniejszymi składnikami, więc możesz lekko podgrzać kefir, aby zapobiec temu, jeśli chcesz.

g) Dodaj mokre składniki do suchych i wymieszaj dokładnie, aby wszystko się połączyło.

h) Pozostaw ciasto na 2 do 3 minut. Pozwoli to wszystkim składnikom połączyć się i nada ciastu lepszą konsystencję.

i) Spryskaj patelnię lub ruszt o nieprzywierającej powierzchni obficie olejem roślinnym i rozgrzej na średnim ogniu.

j) Gdy patelnia jest gorąca, dodaj ciasto za pomocą miarki $\frac{1}{4}$ szklanki i wlej ciasto na patelnię, aby zrobić naleśnik. Użyj miarki, aby pomóc uformować naleśnik.

k) Smażyć, aż brzegi naleśnika będą gotowe, a na środku pojawią się bąbelki (około 2-3 minut), następnie przewrócić naleśnik na drugą stronę.

l) Gdy naleśnik będzie już upieczony z tej strony, zdejmij go z ognia i połóż na talerzu.

m) Powtórz te same czynności z resztą ciasta.

n) Przed podaniem polej naleśniki polewą waniliowo-kokosową i posyp prażonym kokosem.

72. Naleśniki czekoladowo-kokosowo-migdałowe

Składniki:
- 1½ szklanki mąki migdałowej
- ½ szklanki startego, niesłodzonego kokosa, podprażonego
- 1 łyżeczka proszku do pieczenia
- 1 łyżeczka sody oczyszczonej
- ¼ łyżeczki soli
- 2 duże jajka, ubite
- ½ szklanki pełnotłustego mleka kokosowego w puszce
- 1 łyżka syropu klonowego i więcej do podania
- 1 łyżeczka ekstraktu waniliowego
- ½ szklanki kawałków czekolady
- Prażony kokos, prażone migdały i wiórki czekoladowe do podania

Wskazówki

a) Do miski wsyp mąkę, wiórki kokosowe, proszek do pieczenia, sodę oczyszczoną i sól, a następnie dokładnie wymieszaj.

b) W osobnej misce wymieszaj jajka, mleko kokosowe, syrop klonowy i wanilię.

c) Dodaj mokre składniki do suchych i wymieszaj dokładnie, aby się połączyły.

d) Dodaj kawałki czekolady i wymieszaj.

e) Pozostaw ciasto na 5 do 10 minut. Pozwoli to wszystkim składnikom połączyć się i nada ciastu lepszą konsystencję.

f) Spryskaj patelnię lub ruszt o nieprzywierającej powierzchni obficie olejem roślinnym i rozgrzej na średnim ogniu.

g) Gdy patelnia jest gorąca, dodaj ciasto za pomocą miarki $\frac{1}{4}$ szklanki i wlej ciasto na patelnię, aby zrobić naleśnik. Użyj miarki, aby pomóc uformować naleśnik.

h) Smażyć, aż brzegi naleśnika będą gotowe, a na środku pojawią się bąbelki (około 2–3 minut), następnie przewrócić naleśnik na drugą stronę.

i) Gdy naleśnik będzie już upieczony z tej strony, zdejmij go z ognia i połóż na talerzu.

j) Powtórz te same czynności z resztą ciasta.

k) Jeśli chcesz, posyp wierzch prażonym kokosem, prażonymi migdałami, startą czekoladą i polej odrobiną syropu klonowego.

73. Naleśniki z truskawkami

Składniki:

- 1¾ szklanki płatków owsianych tradycyjnych
- 1½ łyżeczki proszku do pieczenia
- 1 łyżeczka sody oczyszczonej
- ½ łyżeczki cynamonu
- ¼ łyżeczki soli
- 2 łyżki oleju kokosowego, roztopionego
- 1 łyżka syropu klonowego
- 1 duże jajko
- 1 łyżeczka ekstraktu waniliowego
- 1½ szklanki mleka 2% o obniżonej zawartości tłuszczu
- 1 szklanka cienko pokrojonych truskawek
- Bita śmietana i truskawki do podania

Wskazówki

a) Dodaj wszystkie składniki, oprócz truskawek, do blendera. Roztopiony olej kokosowy może stwardnieć, jeśli połączysz go z chłodniejszymi składnikami, więc możesz lekko podgrzać mleko, aby zapobiec temu, jeśli chcesz.

b) Zmiksuj wszystko w blenderze do uzyskania gładkiej konsystencji.

c) Wlej masę naleśnikową do dużej miski.

d) Pozostaw ciasto na 5 do 10 minut. Pozwoli to wszystkim składnikom połączyć się i nada ciastu lepszą konsystencję.

e) Spryskaj patelnię lub ruszt o nieprzywierającej powierzchni obficie olejem roślinnym i rozgrzej na średnim ogniu.

f) Gdy patelnia jest już gorąca, dodaj ciasto za pomocą miarki $\frac{1}{4}$ szklanki i wlej ciasto na patelnię, aby zrobić naleśnik. Użyj miarki, aby nadać kształt naleśnikowi. Umieść pokrojone truskawki w jednej warstwie w cieście.

g) Smaż, aż boki będą gotowe, a na środku pojawią się bąbelki (około 2 minut), a następnie przewróć naleśnik. Może być konieczne pozostawienie ich do pieczenia trochę dłużej z pierwszej strony, aby nie rozpadły się podczas przewracania. Truskawki są ciężkie i mogą spowodować pęknięcie naleśników, jeśli nie będą całkowicie gotowe z pierwszej strony.

h) Gdy naleśnik będzie już upieczony z tej strony, zdejmij go z ognia i połóż na talerzu.

i) Powtórz te same czynności z resztą ciasta.

j) Podawać z bitą śmietaną i truskawkami na wierzchu.

74. Naleśniki z masłem orzechowym

Składniki:
- 1¾ szklanki płatków owsianych tradycyjnych
- ¼ szklanki masła orzechowego w proszku
- 1½ łyżeczki proszku do pieczenia
- 1 łyżeczka sody oczyszczonej
- ½ łyżeczki cynamonu
- ¼ łyżeczki soli
- 2 łyżki oleju kokosowego, roztopionego
- 1 łyżka syropu klonowego
- 1 duże jajko
- 1 łyżeczka ekstraktu waniliowego
- 1½ szklanki mleka 2% o obniżonej zawartości tłuszczu
- ½ szklanki kawałków czekolady

Wskazówki

a) Dodaj wszystkie składniki, oprócz kawałków czekolady, do blendera. Roztopiony olej kokosowy może stwardnieć, jeśli połączysz go z chłodniejszymi składnikami, więc możesz lekko podgrzać mleko, aby zapobiec temu, jeśli chcesz.

b) Zmiksuj wszystko w blenderze do uzyskania gładkiej konsystencji.
c) Wlej ciasto naleśnikowe do dużej miski.
d) Dodaj kawałki czekolady i wymieszaj.
e) Pozostaw ciasto na 5 do 10 minut. Pozwoli to wszystkim składnikom połączyć się i nada ciastu lepszą konsystencję.
f) Spryskaj patelnię lub ruszt o nieprzywierającej powierzchni obficie olejem roślinnym i rozgrzej na średnim ogniu.
g) Gdy patelnia jest gorąca, dodaj ciasto za pomocą miarki $\frac{1}{4}$ szklanki i wlej ciasto na patelnię, aby zrobić naleśnik. Użyj miarki, aby pomóc uformować naleśnik.
h) Smażyć, aż brzegi naleśnika będą gotowe, a na środku pojawią się bąbelki (około 2-3 minut), następnie przewrócić naleśnik na drugą stronę.
i) Gdy naleśnik będzie już upieczony z tej strony, zdejmij go z ognia i połóż na talerzu.
j) Powtórz te same czynności z resztą ciasta.

75. Meksykańskie naleśniki czekoladowe

Składniki:

- 1 szklanka mąki orkiszowej
- ¼ szklanki niesłodzonego kakao
- 1 łyżeczka cynamonu
- ½ łyżeczki proszku do pieczenia
- ½ łyżeczki sody oczyszczonej
- ¾ szklanki zwykłego jogurtu greckiego
- ¼ szklanki + 2 łyżki mleka 2% o obniżonej zawartości tłuszczu
- 1 duże jajko
- 2 łyżki syropu klonowego

Wskazówki

a) Do miski wsyp mąkę, kakao, cynamon, proszek do pieczenia i sodę oczyszczoną, wymieszaj trzepaczką.

b) W osobnej misce wymieszaj jogurt, mleko, jajko i syrop klonowy, aż do dokładnego połączenia się składników.

c) Dodaj mokre składniki do suchych i mieszaj, aż do dokładnego połączenia.

d) Pozostaw ciasto na 2 do 3 minut. Pozwoli to wszystkim składnikom połączyć się i nada ciastu lepszą konsystencję.

e) Spryskaj patelnię lub ruszt o nieprzywierającej powierzchni obficie olejem roślinnym i rozgrzej na średnim ogniu.

f) Gdy patelnia jest gorąca, dodaj ciasto za pomocą miarki ¼ szklanki i wlej ciasto na patelnię, aby zrobić naleśnik. Użyj miarki, aby pomóc uformować naleśnik.

g) Smażyć, aż brzegi naleśnika będą gotowe, a na środku pojawią się bąbelki (około 2-3 minut), następnie przewrócić naleśnik na drugą stronę.

h) Gdy naleśnik będzie już upieczony z tej strony, zdejmij go z ognia i połóż na talerzu.

i) Powtórz te same czynności z resztą ciasta.

76. Niespodzianka urodzinowa w postaci naleśników

Składniki:
- 1 szklanka mąki orkiszowej
- 2 łyżki bezcukrowej mieszanki budyniowej waniliowej
- ½ łyżeczki proszku do pieczenia
- ½ łyżeczki sody oczyszczonej
- ¾ szklanki zwykłego jogurtu greckiego
- ½ szklanki + 2 łyżki mleka 2% o obniżonej zawartości tłuszczu
- 1 duże jajko
- 2 łyżki syropu klonowego
- ¼ szklanki tęczowych posypek, plus więcej do posypania (opcjonalnie)

Wskazówki

a) Dodaj mąkę, budyń, proszek do pieczenia i sodę oczyszczoną do miski i wymieszaj trzepaczką.

b) W osobnej misce wymieszaj jogurt, mleko, jajko i syrop klonowy, aż do dokładnego połączenia się składników.

c) Dodaj mokre składniki do suchych i mieszaj, aż do dokładnego połączenia.

d) Pozostaw ciasto na 2 do 3 minut. Pozwoli to wszystkim składnikom połączyć się i nada ciastu lepszą konsystencję.

e) Kiedy ciasto odpocznie, dodaj posypkę.

f) Spryskaj patelnię lub ruszt o nieprzywierającej powierzchni obficie olejem roślinnym i rozgrzej na średnim ogniu.

g) Gdy patelnia jest gorąca, dodaj ciasto za pomocą miarki ¼ szklanki i wlej ciasto na patelnię, aby zrobić naleśnik. Użyj miarki, aby pomóc uformować naleśnik.

h) Smażyć, aż brzegi naleśnika będą gotowe, a na środku pojawią się bąbelki (około 2-3 minut), następnie przewrócić naleśnik na drugą stronę.

i) Gdy naleśnik będzie już upieczony z tej strony, zdejmij go z ognia i połóż na talerzu.

j) Powtórz te same czynności z resztą ciasta.

77. Zielone naleśniki-potwory

Składniki:

- 1½ szklanki mąki orkiszowej
- 2 łyżki proszku konopnego
- 1 łyżka proszku spiruliny
- 1½ łyżeczki proszku do pieczenia
- 1 łyżeczka sody oczyszczonej
- ½ łyżeczki soli
- 2 łyżki oleju kokosowego, roztopionego
- 1½ łyżki miodu
- 1 łyżka ekstraktu waniliowego
- 2 duże jajka, ubite
- ¼ szklanki pełnotłustego mleka kokosowego w puszce
- 1¼ szklanki zwykłego kefiru (lekko podgrzanego)

Wskazówki

a) Do miski dodaj mąkę orkiszową, proszek konopny, proszek spirulinowy, proszek do pieczenia, sodę oczyszczoną i sól, a następnie wymieszaj trzepaczką.

b) W innej misce ubij olej kokosowy, miód, wanilię, jajka, mleko kokosowe i kefir, aż będą dobrze połączone. Roztopiony olej kokosowy może stwardnieć, gdy połączysz go z chłodniejszymi składnikami, więc możesz lekko podgrzać kefir, aby zapobiec temu, jeśli chcesz.

c) Dodaj mokre składniki do suchych i wymieszaj, aż do dokładnego połączenia.

d) Pozostaw ciasto na 2 do 3 minut. Pozwoli to wszystkim składnikom połączyć się i nada ciastu lepszą konsystencję.

e) Spryskaj patelnię lub ruszt o nieprzywierającej powierzchni obficie olejem roślinnym i rozgrzej na średnim ogniu.

f) Gdy patelnia jest gorąca, dodaj ciasto za pomocą miarki $\frac{1}{4}$ szklanki i wlej ciasto na patelnię, aby zrobić naleśnik. Użyj miarki, aby pomóc uformować naleśnik.

g) Smażyć, aż brzegi naleśnika będą gotowe, a na środku pojawią się bąbelki (około 2-3 minut), następnie przewrócić naleśnik na drugą stronę.

h) Gdy naleśnik będzie już upieczony z tej strony, zdejmij go z ognia i połóż na talerzu.

i) Powtórz te same czynności z resztą ciasta.

78. Naleśniki waniliowo-matchowe

Składniki:
- 1¾ szklanki płatków owsianych tradycyjnych
- 2 łyżki niesłodzonego proszku matcha
- 2 łyżki bezcukrowej mieszanki budyniowej waniliowej
- 1½ łyżeczki proszku do pieczenia
- 1 łyżeczka sody oczyszczonej
- ¼ łyżeczki soli
- 2 łyżki oleju kokosowego, roztopionego
- 1 łyżka syropu klonowego
- 1 duże jajko
- 1 łyżeczka ekstraktu waniliowego
- 1½ szklanki mleka 2% o obniżonej zawartości tłuszczu

Wskazówki

a) Dodaj wszystkie składniki do blendera. Roztopiony olej kokosowy może stwardnieć, jeśli połączysz go z chłodniejszymi składnikami, więc możesz lekko podgrzać mleko, aby zapobiec temu, jeśli chcesz.

b) Zmiksuj wszystko w blenderze do uzyskania gładkiej konsystencji.

c) Wlej masę naleśnikową do dużej miski.
d) Pozostaw ciasto na 5 do 10 minut. Pozwoli to wszystkim składnikom połączyć się i nada ciastu lepszą konsystencję.
e) Spryskaj patelnię lub ruszt o nieprzywierającej powierzchni obficie olejem roślinnym i rozgrzej na średnim ogniu.
f) Gdy patelnia jest gorąca, dodaj ciasto za pomocą miarki $\frac{1}{4}$ szklanki i wlej ciasto na patelnię, aby zrobić naleśnik. Użyj miarki, aby pomóc uformować naleśnik.
g) Smażyć, aż brzegi naleśnika będą gotowe, a na środku pojawią się bąbelki (około 2-3 minut), następnie przewrócić naleśnik na drugą stronę.
h) Gdy naleśnik będzie już upieczony z tej strony, zdejmij go z ognia i połóż na talerzu.
i) Powtórz te same czynności z resztą ciasta.

79. Naleśniki z piña colada

Składniki:

- 1 szklanka mąki orkiszowej
- $\frac{1}{2}$ łyżeczki proszku do pieczenia
- $\frac{1}{2}$ łyżeczki sody oczyszczonej
- $\frac{3}{4}$ szklanki zwykłego jogurtu greckiego
- $\frac{1}{2}$ szklanki + 2 łyżki pełnotłustego mleka kokosowego w puszce
- 1 duże jajko
- 2 łyżki syropu klonowego
- 1 łyżeczka ekstraktu waniliowego
- $\frac{1}{2}$ szklanki drobno pokrojonego ananasa

Wskazówki

a) Do miski wsyp mąkę, proszek do pieczenia i sodę oczyszczoną, wymieszaj trzepaczką.

b) W osobnej misce wymieszaj jogurt, mleko kokosowe, jajko, syrop klonowy i wanilię, aż do dokładnego połączenia się składników.

c) Dodaj mokre składniki do suchych i wymieszaj, aż do dokładnego połączenia.

d) Gdy wszystko już się wymiesza, dodaj ananasa.

e) Pozostaw ciasto na 2 do 3 minut. Pozwoli to wszystkim składnikom połączyć się i nada ciastu lepszą konsystencję.

f) Spryskaj patelnię lub ruszt o nieprzywierającej powierzchni obficie olejem roślinnym i rozgrzej na średnim ogniu.

g) Gdy patelnia jest gorąca, dodaj ciasto za pomocą miarki ¼ szklanki i wlej ciasto na patelnię, aby zrobić naleśnik. Użyj miarki, aby pomóc uformować naleśnik.

h) Smażyć, aż brzegi naleśnika będą gotowe, a na środku pojawią się bąbelki (około 2-3 minut), następnie przewrócić naleśnik na drugą stronę.

i) Gdy naleśnik będzie już upieczony z tej strony, zdejmij go z ognia i połóż na talerzu.

j) Powtórz te same czynności z resztą ciasta.

80. Naleśniki z wiśniami i migdałami

Składniki:
- 1½ szklanki mąki migdałowej
- 1 łyżeczka proszku do pieczenia
- 1 łyżeczka sody oczyszczonej
- ¼ łyżeczki soli
- 2 duże jajka, ubite
- 1 łyżka syropu klonowego
- 1 łyżeczka ekstraktu waniliowego
- ½ szklanki pełnotłustego mleka kokosowego w puszce
- ½ szklanki drobno pokrojonych słodkich wiśni
- ¼ szklanki pokrojonych migdałów

Wskazówki

a) Do miski wsyp mąkę, proszek do pieczenia, sodę oczyszczoną i sól, a następnie dokładnie wymieszaj.

b) W osobnej misce wymieszaj jajka, syrop klonowy, wanilię i mleko kokosowe.

c) Dodaj mokre składniki do suchych i wymieszaj dokładnie, aby się połączyły.

d) Następnie dodaj wiśnie i migdały i mieszaj, aż wszystkie składniki dobrze się połączą.

e) Pozostaw ciasto na 5 do 10 minut. Pozwoli to wszystkim składnikom połączyć się i nada ciastu lepszą konsystencję.

f) Spryskaj patelnię lub ruszt o nieprzywierającej powierzchni obficie olejem roślinnym i rozgrzej na średnio-wysokim ogniu.

g) Gdy patelnia jest gorąca, dodaj ciasto za pomocą miarki $\frac{1}{4}$ szklanki i wlej ciasto na patelnię, aby zrobić naleśnik. Użyj miarki, aby pomóc uformować naleśnik.

h) Smażyć, aż brzegi naleśnika będą gotowe, a na środku pojawią się bąbelki (około 2-3 minut), następnie przewrócić naleśnik na drugą stronę.

i) Gdy naleśnik będzie już upieczony z tej strony, zdejmij go z ognia i połóż na talerzu.

j) Powtórz te same czynności z resztą ciasta.

81. Naleśniki z limonką

Składniki:

- 2 jajka
- ½ szklanki serka wiejskiego
- ½ łyżeczki ekstraktu waniliowego
- 1 łyżka miodu
- Skórka z 1 limonki
- ¼ szklanki mąki orkiszowej
- ½ łyżeczki proszku do pieczenia
- ¼ łyżeczki sody oczyszczonej
- 2 łyżeczki bezcukrowej galaretki limonkowej

Wskazówki

a) Roztrzepać jajka, serek wiejski, wanilię, miód i skórkę z limonki, a następnie odstawić.

b) W osobnej misce wymieszaj pozostałe składniki, aż się dobrze połączą.

c) Dodaj mokre składniki do suchych i mieszaj, aż do dokładnego połączenia.

d) Spryskaj patelnię lub ruszt o nieprzywierającej powierzchni obficie olejem roślinnym i rozgrzej na średnim ogniu.

e) Gdy patelnia jest gorąca, dodaj ciasto za pomocą miarki ¼ szklanki i wlej ciasto na patelnię, aby zrobić naleśnik. Użyj miarki, aby pomóc uformować naleśnik.

f) Smażyć, aż brzegi naleśnika będą gotowe, a na środku pojawią się bąbelki (około 2-3 minut), następnie przewrócić naleśnik na drugą stronę.

g) Gdy naleśnik będzie już upieczony z tej strony, zdejmij go z ognia i połóż na talerzu.

h) Powtórz te same czynności z resztą ciasta.

82. Naleśniki z dynią i przyprawami korzennymi

Składniki:
- 1½ szklanki płatków owsianych tradycyjnych
- 1½ łyżeczki proszku do pieczenia
- ½ łyżeczki sody oczyszczonej
- ½ łyżeczki cynamonu
- ½ łyżeczki mielonego ziela angielskiego
- ½ łyżeczki mielonego imbiru
- ¼ łyżeczki soli
- ½ szklanki dyni w puszce
- 2 łyżki oleju kokosowego, roztopionego
- 2 łyżki syropu klonowego
- 1 duże jajko
- 1 łyżeczka ekstraktu waniliowego
- 1 szklanka mleka o obniżonej zawartości tłuszczu 2%

Wskazówki

a) Dodaj wszystkie składniki do blendera. Roztopiony olej kokosowy może stwardnieć, jeśli połączysz go z chłodniejszymi składnikami, więc możesz lekko podgrzać mleko, aby zapobiec temu, jeśli chcesz.

b) Zmiksuj wszystko w blenderze do uzyskania gładkiej konsystencji.
c) Wlej masę naleśnikową do dużej miski.
d) Pozostaw ciasto na 5 do 10 minut. Pozwoli to wszystkim składnikom połączyć się i nada ciastu lepszą konsystencję.
e) Spryskaj patelnię lub ruszt o nieprzywierającej powierzchni obficie olejem roślinnym i rozgrzej na średnim ogniu.
f) Gdy patelnia jest gorąca, dodaj ciasto za pomocą miarki $\frac{1}{4}$ szklanki i wlej ciasto na patelnię, aby zrobić naleśnik. Użyj miarki, aby pomóc uformować naleśnik.
g) Smażyć, aż brzegi naleśnika będą gotowe, a na środku pojawią się bąbelki (około 2–3 minut), następnie przewrócić naleśnik na drugą stronę.
h) Gdy naleśnik będzie już upieczony z tej strony, zdejmij go z ognia i połóż na talerzu.
i) Powtórz te same czynności z resztą ciasta.

83. Naleśniki czekoladowo-bananowe

Składniki:

- 1 dojrzały banan i więcej do podania
- 2 duże jajka
- ½ łyżeczki proszku do pieczenia
- 2 łyżki niesłodzonego kakao w proszku
- Syrop klonowy do podania

Wskazówki

a) Dodaj banana do miski i rozgnieć go, aż będzie miał kremową konsystencję — bez grudek.

b) Wbij jajka do innej miski i ubijaj, aż będą dokładnie wymieszane.

c) Dodaj proszek do pieczenia i kakao do miski z bananem, a następnie wlej jajka. Ubij, aby wszystko całkowicie się połączyło.

d) Spryskaj patelnię lub ruszt o nieprzywierającej powierzchni obficie olejem roślinnym i rozgrzej na średnim ogniu.

e) Gdy patelnia będzie już gorąca, wlej na nią 2 łyżki ciasta i zrób naleśnik.

f) Smażyć, aż brzegi naleśnika będą gotowe (nie będzie widać żadnych pęcherzyków powietrza), następnie ostrożnie przewrócić naleśnik na drugą stronę.

g) Gdy naleśnik będzie już upieczony z tej strony, zdejmij go z ognia i połóż na talerzu.

h) Kontynuuj te kroki z resztą ciasta. Podawaj z pokrojonym bananem i syropem klonowym, jeśli chcesz.

84. Naleśniki waniliowo-migdałowe

Składniki:

- 1 szklanka mąki orkiszowej
- 2 łyżki bezcukrowej mieszanki budyniowej waniliowej
- ½ łyżeczki proszku do pieczenia
- ½ łyżeczki sody oczyszczonej
- ¾ szklanki zwykłego jogurtu greckiego
- ½ szklanki + 2 łyżki mleka 2% o obniżonej zawartości tłuszczu
- 1 duże jajko
- 2 łyżki syropu klonowego
- ¼ szklanki pokrojonych migdałów

Wskazówki

a) Do miski wsyp mąkę, mieszankę budyniową, proszek do pieczenia i sodę oczyszczoną, wymieszaj trzepaczką.

b) W osobnej misce wymieszaj jogurt, mleko, jajko i syrop klonowy, aż do dokładnego połączenia się składników.

c) Dodaj mokre składniki do suchych i mieszaj, aż do dokładnego połączenia.

d) Na końcu dodaj migdały.

e) Pozostaw ciasto na 2 do 3 minut. Pozwoli to wszystkim składnikom połączyć się i nada ciastu lepszą konsystencję.

f) Spryskaj patelnię lub ruszt o nieprzywierającej powierzchni obficie olejem roślinnym i rozgrzej na średnim ogniu.

g) Gdy patelnia jest gorąca, dodaj ciasto za pomocą miarki $\frac{1}{4}$ szklanki i wlej ciasto na patelnię, aby zrobić naleśnik. Użyj miarki, aby pomóc uformować naleśnik.

h) Smażyć, aż brzegi naleśnika będą gotowe, a na środku pojawią się bąbelki (około 2–3 minut), następnie przewrócić naleśnik na drugą stronę.

i) Gdy naleśnik będzie już upieczony z tej strony, zdejmij go z ognia i połóż na talerzu.

j) Powtórz te same czynności z resztą ciasta.

85. Naleśniki z małpkami

Składniki:

- 1½ szklanki mąki migdałowej
- 1 łyżeczka proszku do pieczenia
- 1 łyżeczka sody oczyszczonej
- ¼ łyżeczki soli
- 1 dojrzały średni banan, rozgnieciony, plus więcej do podania
- 2 duże jajka, ubite
- ½ szklanki mleka kokosowego
- 1 łyżka syropu klonowego
- 1 łyżeczka ekstraktu waniliowego
- ½ szklanki posiekanych orzechów włoskich
- ½ szklanki kawałków gorzkiej czekolady i więcej do podania

Wskazówki

a) Do miski wsyp mąkę, proszek do pieczenia, sodę oczyszczoną i sól, a następnie dokładnie wymieszaj.

b) W osobnej misce wymieszaj rozgniecionego banana, jajka, mleko kokosowe, syrop klonowy i wanilię.

c) Dodaj mokre składniki do suchych i wymieszaj dokładnie, aby się połączyły.

d) Następnie dodaj orzechy włoskie i kawałki czekolady i mieszaj, aż wszystkie składniki dobrze się połączą.

e) Pozostaw ciasto na 5 do 10 minut. Pozwoli to wszystkim składnikom połączyć się i nada ciastu lepszą konsystencję.

f) Spryskaj patelnię lub ruszt o nieprzywierającej powierzchni obficie olejem roślinnym i rozgrzej na średnio-wysokim ogniu.

g) Gdy patelnia jest gorąca, dodaj ciasto za pomocą miarki $\frac{1}{4}$ szklanki i wlej ciasto na patelnię, aby zrobić naleśnik. Użyj miarki, aby pomóc uformować naleśnik.

h) Smażyć, aż brzegi naleśnika będą gotowe, a na środku pojawią się bąbelki, następnie przewrócić naleśnik.

i) Gdy naleśnik będzie już upieczony z tej strony, zdejmij go z ognia i połóż na talerzu.

j) Podawać z pokrojonymi bananami i kawałkami czekolady.

86. Naleśniki waniliowe

Składniki:

- 1½ szklanki mąki orkiszowej
- 2 łyżki bezcukrowej mieszanki budyniowej waniliowej
- 1½ łyżeczki proszku do pieczenia
- 1 łyżeczka sody oczyszczonej
- ½ łyżeczki soli
- 2 duże jajka, ubite
- 2 łyżki oleju kokosowego, roztopionego
- 1 łyżka ekstraktu waniliowego
- ¼ szklanki syropu klonowego i więcej do podania
- 1¼ szklanki zwykłego kefiru

Wskazówki

a) Do miski wsyp mąkę orkiszową, mieszankę budyniową, proszek do pieczenia, sodę oczyszczoną i sól, wymieszaj trzepaczką.

b) W innej misce ubij jajka, olej kokosowy, wanilię, syrop klonowy i kefir, aż będą dobrze połączone. Roztopiony olej kokosowy może stwardnieć, gdy połączysz go z chłodniejszymi składnikami, więc możesz lekko podgrzać kefir, aby zapobiec temu, jeśli chcesz.

c) Dodaj mokre składniki do suchych i mieszaj, aż do dokładnego połączenia.

d) Pozostaw ciasto na 2 do 3 minut. Pozwoli to wszystkim składnikom połączyć się i nada ciastu lepszą konsystencję.

e) Spryskaj patelnię lub ruszt o nieprzywierającej powierzchni obficie olejem roślinnym i rozgrzej na średnim ogniu.

f) Gdy patelnia jest gorąca, dodaj ciasto za pomocą miarki $\frac{1}{4}$ szklanki i wlej ciasto na patelnię, aby zrobić naleśnik. Użyj miarki, aby pomóc uformować naleśnik.

g) Smażyć, aż brzegi naleśnika będą gotowe, a na środku pojawią się bąbelki (około 2-3 minut), następnie przewrócić naleśnik na drugą stronę.

h) Gdy naleśnik będzie już upieczony z tej strony, zdejmij go z ognia i połóż na talerzu.

87. Naleśniki z borówkami i mango

Składniki:

- 1 szklanka mąki orkiszowej
- ½ łyżeczki proszku do pieczenia
- ½ łyżeczki sody oczyszczonej
- ¾ szklanki zwykłego jogurtu greckiego
- ¼ szklanki + 2 łyżki mleka 2% o obniżonej zawartości tłuszczu
- 1 duże jajko
- 2 łyżki syropu klonowego
- ½ szklanki zmiksowanego mango
- ½ szklanki borówek

Wskazówki

a) Do miski wsyp mąkę, proszek do pieczenia i sodę oczyszczoną, wymieszaj trzepaczką.

b) W osobnej misce wymieszaj jogurt, mleko, jajko, syrop klonowy i zmiksowane mango, aż składniki się połączą.

c) Dodaj mokre składniki do suchych i mieszaj, aż do dokładnego połączenia.

d) Delikatnie wmieszaj jagody.

e) Pozostaw ciasto na 2 do 3 minut. Pozwoli to wszystkim składnikom połączyć się i nada ciastu lepszą konsystencję.

f) Spryskaj patelnię lub ruszt o nieprzywierającej powierzchni obficie olejem roślinnym i rozgrzej na średnim ogniu.

g) Gdy patelnia jest gorąca, dodaj ciasto za pomocą miarki $\frac{1}{4}$ szklanki i wlej ciasto na patelnię, aby zrobić naleśnik. Użyj miarki, aby pomóc uformować naleśnik.

h) Smażyć, aż brzegi naleśnika będą gotowe, a na środku pojawią się bąbelki (około 2-3 minut), następnie przewrócić naleśnik na drugą stronę.

i) Gdy naleśnik będzie już upieczony z tej strony, zdejmij go z ognia i połóż na talerzu.

j) Powtórz te same czynności z resztą ciasta.

88. Naleśniki mokka

Składniki:
- 1½ szklanki mąki orkiszowej
- ¼ szklanki niesłodzonego kakao
- 3 łyżeczki rozpuszczalnego proszku do espresso
- 1½ łyżeczki proszku do pieczenia
- 1 łyżeczka sody oczyszczonej
- ½ łyżeczki soli
- 2 łyżki oleju kokosowego, roztopionego
- 1 łyżeczka ekstraktu waniliowego
- 2 duże jajka, ubite
- 1¼ szklanki zwykłego kefiru

Wskazówki

a) Do miski wsyp mąkę orkiszową, kakao, kawę espresso, proszek do pieczenia, sodę oczyszczoną i sól, a następnie wymieszaj trzepaczką.

b) W innej misce ubij olej kokosowy, wanilię, jajka i kefir, aż będą dobrze połączone. Roztopiony olej kokosowy może stwardnieć, gdy połączysz go z chłodniejszymi składnikami, więc możesz lekko podgrzać kefir, aby zapobiec temu, jeśli chcesz.

c) Dodaj mokre składniki do suchych i mieszaj, aż do dokładnego połączenia.
d) Pozostaw ciasto na 2 do 3 minut. Pozwoli to wszystkim składnikom połączyć się i nada ciastu lepszą konsystencję.
e) Spryskaj patelnię lub ruszt o nieprzywierającej powierzchni obficie olejem roślinnym i rozgrzej na średnim ogniu.
f) Gdy patelnia jest gorąca, dodaj ciasto za pomocą miarki $\frac{1}{4}$ szklanki i wlej ciasto na patelnię, aby zrobić naleśnik. Użyj miarki, aby pomóc uformować naleśnik.
g) Smażyć, aż brzegi naleśnika będą gotowe, a na środku pojawią się bąbelki (około 2-3 minut), następnie przewrócić naleśnik na drugą stronę.
h) Gdy naleśnik będzie już upieczony z tej strony, zdejmij go z ognia i połóż na talerzu.

89. Naleśniki z chai

Składniki:

- 1½ szklanki mąki z komosy ryżowej
- 1½ łyżeczki proszku do pieczenia
- 1 łyżeczka sody oczyszczonej
- 1 łyżeczka cynamonu
- ¾ łyżeczki mielonego kardamonu
- Szczypta mielonych goździków
- ½ łyżeczki mielonego imbiru
- ½ łyżeczki mielonego ziela angielskiego
- ½ łyżeczki soli
- 2 duże jajka, ubite
- 2 łyżki oleju kokosowego, roztopionego
- 1¼ szklanki zwykłego kefiru
- ¼ szklanki syropu klonowego
- 1 łyżeczka ekstraktu waniliowego

Wskazówki

a) W dużej misce wymieszaj mąkę, proszek do pieczenia, sodę oczyszczoną, cynamon, kardamon, goździki, imbir, ziele angielskie i sól, aż składniki dokładnie się połączą.

b) W innej misce ubij jajka, olej kokosowy, kefir, syrop klonowy i wanilię, aż się połączą. Roztopiony olej kokosowy może stwardnieć, gdy połączy się go z chłodniejszymi składnikami, więc możesz lekko podgrzać kefir, aby zapobiec temu, jeśli chcesz.

c) Dodaj mokre składniki do suchych i mieszaj, aż do dokładnego połączenia.

d) Pozostaw ciasto na 2 do 3 minut. Pozwoli to wszystkim składnikom połączyć się i nada ciastu lepszą konsystencję.

e) Spryskaj patelnię lub ruszt o nieprzywierającej powierzchni obficie olejem roślinnym i rozgrzej na średnim ogniu.

f) Gdy patelnia jest gorąca, dodaj ciasto za pomocą miarki ¼ szklanki i wlej ciasto na patelnię, aby zrobić naleśnik. Użyj miarki, aby pomóc uformować naleśnik.

g) Smażyć, aż brzegi naleśnika będą gotowe, a na środku pojawią się bąbelki (około 2–3 minut), następnie przewrócić naleśnik na drugą stronę.

h) Gdy naleśnik będzie już upieczony z tej strony, zdejmij go z ognia i połóż na talerzu.

90. Naleśniki z marchewką

Składniki:

- 1½ szklanki płatków owsianych tradycyjnych
- 1½ łyżeczki proszku do pieczenia
- 1 łyżeczka sody oczyszczonej
- ½ łyżeczki cynamonu
- ¼ łyżeczki soli
- Szczypta gałki muszkatołowej
- 1 duże jajko
- 2 łyżki oleju kokosowego, roztopionego
- 1 łyżka syropu klonowego
- 1 łyżeczka ekstraktu waniliowego
- 1¼ szklanki mleka o obniżonej zawartości tłuszczu 2%
- 1½ szklanki drobno startej marchwi
- ½ szklanki posiekanych złotych rodzynek
- ½ szklanki posiekanych orzechów włoskich

Wskazówki

a) Dodaj wszystkie składniki, oprócz marchewek, rodzynek i orzechów włoskich, do blendera. Roztopiony olej kokosowy może stwardnieć, jeśli połączysz go z chłodniejszymi

składnikami, więc możesz lekko podgrzać mleko, aby zapobiec temu, jeśli chcesz.
b) Zmiksuj wszystko w blenderze do uzyskania gładkiej konsystencji.
c) Wlej masę naleśnikową do dużej miski.
d) Dodaj do ciasta marchewkę, rodzynki i orzechy włoskie i dokładnie wymieszaj.
e) Pozostaw ciasto na 5 do 10 minut. Pozwoli to wszystkim składnikom połączyć się i nada ciastu lepszą konsystencję.
f) Spryskaj patelnię lub ruszt o nieprzywierającej powierzchni obficie olejem roślinnym i rozgrzej na średnim ogniu.
g) Gdy patelnia jest gorąca, dodaj ciasto za pomocą miarki $\frac{1}{4}$ szklanki i wlej ciasto na patelnię, aby zrobić naleśnik. Użyj miarki, aby pomóc uformować naleśnik.
h) Smażyć, aż brzegi naleśnika będą gotowe, a na środku pojawią się bąbelki, następnie przewrócić naleśnik na drugą stronę.
i) Gdy naleśnik będzie już upieczony z tej strony, zdejmij go z ognia i połóż na talerzu.

91. Naleśniki miodowo-bananowe

Składniki:

- 1 dojrzały banan i więcej do podania
- 2 duże jajka
- 1 łyżka miodu
- ½ łyżeczki proszku do pieczenia
- Syrop klonowy do podania

Wskazówki

a) Dodaj banana do miski i rozgnieć go, aż będzie miał kremową konsystencję — bez grudek.

b) Wbij jajka do innej miski i ubijaj, aż będą dokładnie wymieszane.

c) Dodaj miód i proszek do pieczenia do miski z bananem, a następnie wlej jajka. Ubij, aby całkowicie połączyć wszystko.

d) Spryskaj patelnię lub ruszt o nieprzywierającej powierzchni obficie olejem roślinnym i rozgrzej na średnim ogniu.

e) Gdy patelnia będzie już gorąca, wlej na nią 2 łyżki ciasta i zrób naleśnik.

f) Smażyć, aż brzegi naleśnika będą gotowe (nie będzie widać żadnych pęcherzyków powietrza), następnie ostrożnie przewrócić naleśnik na drugą stronę.

g) Gdy naleśnik będzie już upieczony z tej strony, zdejmij go z ognia i połóż na talerzu.

h) Powtórz te same czynności z resztą ciasta.

i) Udekoruj bananami i syropem klonowym.

92. Naleśniki bananowo-borówkowe

Składniki:

- 1 szklanka mąki orkiszowej
- ½ łyżeczki proszku do pieczenia
- ½ łyżeczki sody oczyszczonej
- 1 dojrzały średni banan, rozgnieciony
- ¾ szklanki zwykłego jogurtu greckiego
- ¼ szklanki + 2 łyżki 2% mleka o obniżonej zawartości tłuszczu
- 1 duże jajko
- 2 łyżki syropu klonowego
- ½ szklanki borówek

Wskazówki

a) Do miski wsyp mąkę, proszek do pieczenia i sodę oczyszczoną, wymieszaj trzepaczką.

b) W osobnej misce wymieszaj rozgniecionego banana, jogurt, mleko, jajko i syrop klonowy, aż składniki się połączą.

c) Dodaj mokre składniki do suchych i mieszaj, aż do dokładnego połączenia.

d) Delikatnie wmieszaj jagody.

e) Pozostaw ciasto na 2 do 3 minut. Pozwoli to wszystkim składnikom połączyć się i nada ciastu lepszą konsystencję.
f) Spryskaj patelnię lub ruszt o nieprzywierającej powierzchni obficie olejem roślinnym i rozgrzej na średnim ogniu.
g) Gdy patelnia jest gorąca, dodaj ciasto za pomocą miarki $\frac{1}{4}$ szklanki i wlej ciasto na patelnię, aby zrobić naleśnik. Użyj miarki, aby pomóc uformować naleśnik.
h) Smażyć, aż brzegi naleśnika będą gotowe, a na środku pojawią się bąbelki (około 2-3 minut), następnie przewrócić naleśnik na drugą stronę.
i) Gdy naleśnik będzie już upieczony z tej strony, zdejmij go z ognia i połóż na talerzu.
j) Powtórz te same czynności z resztą ciasta.

93. Naleśniki z jabłkiem i cynamonem

Składniki:

- 1¾ szklanki płatków owsianych tradycyjnych
- 1½ łyżeczki proszku do pieczenia
- 1 łyżeczka sody oczyszczonej
- ¼ łyżeczki cynamonu
- ¼ łyżeczki soli
- 1 szklanka musu jabłkowego
- 2 łyżki oleju kokosowego, roztopionego
- 1 łyżka syropu klonowego
- 1 duże jajko
- 1 łyżeczka ekstraktu waniliowego
- ½ szklanki mleka 2% o obniżonej zawartości tłuszczu

Wskazówki

a) Dodaj wszystkie składniki do blendera. Roztopiony olej kokosowy może stwardnieć, gdy połączysz go z chłodniejszymi składnikami, więc możesz lekko podgrzać mleko, aby zapobiec temu, jeśli chcesz.

b) Zmiksuj wszystko w blenderze do uzyskania gładkiej konsystencji.

c) Wlej ciasto naleśnikowe do dużej miski.

d) Pozostaw ciasto na 5 do 10 minut. Pozwoli to wszystkim składnikom połączyć się i nada ciastu lepszą konsystencję.

e) Spryskaj patelnię lub ruszt o nieprzywierającej powierzchni obficie olejem roślinnym i rozgrzej na średnim ogniu.

f) Gdy patelnia jest gorąca, dodaj ciasto za pomocą miarki ¼ szklanki i wlej ciasto na patelnię, aby zrobić naleśnik. Użyj miarki, aby pomóc uformować naleśnik.

g) Smażyć, aż brzegi naleśnika będą gotowe, a na środku pojawią się bąbelki (około 2-3 minut), następnie przewrócić naleśnik na drugą stronę.

h) Gdy naleśnik będzie już upieczony z tej strony, zdejmij go z ognia i połóż na talerzu.

i) Powtórz te same czynności z resztą ciasta.

94. Naleśniki z sernikiem truskawkowym

Składniki:

- 1 szklanka mąki orkiszowej
- 2 łyżki bezcukrowej mieszanki budyniowej waniliowej
- $\frac{1}{2}$ łyżeczki proszku do pieczenia
- $\frac{1}{2}$ łyżeczki sody oczyszczonej
- $\frac{3}{4}$ szklanki zwykłego jogurtu greckiego
- $\frac{1}{2}$ szklanki + 2 łyżki mleka 2% o obniżonej zawartości tłuszczu
- 1 duże jajko
- 2 łyżki syropu klonowego
- 1 szklanka cienko pokrojonych truskawek

Wskazówki

a) Do miski wsyp mąkę, mieszankę budyniową, proszek do pieczenia i sodę oczyszczoną, wymieszaj trzepaczką.

b) W osobnej misce wymieszaj jogurt, mleko, jajko i syrop klonowy, aż składniki się połączą.

c) Dodaj mokre składniki do suchych i mieszaj, aż do dokładnego połączenia.

d) Dodaj ostrożnie truskawki.

e) Pozostaw ciasto na 2 do 3 minut. Pozwoli to wszystkim składnikom połączyć się i nada ciastu lepszą konsystencję.
f) Spryskaj patelnię lub ruszt o nieprzywierającej powierzchni obficie olejem roślinnym i rozgrzej na średnim ogniu.
g) Gdy patelnia jest gorąca, dodaj ciasto za pomocą miarki $\frac{1}{4}$ szklanki i wlej ciasto na patelnię, aby zrobić naleśnik. Użyj miarki, aby pomóc uformować naleśnik.
h) Smażyć, aż brzegi naleśnika będą gotowe, a na środku pojawią się bąbelki (około 2-3 minut), następnie przewrócić naleśnik na drugą stronę.
i) Gdy naleśnik będzie już upieczony z tej strony, zdejmij go z ognia i połóż na talerzu.
j) Powtórz te same czynności z resztą ciasta.

95. Naleśniki z jagodami

Składniki:

- 1¾ szklanki płatków owsianych tradycyjnych
- 1½ łyżeczki proszku do pieczenia
- 1 łyżeczka sody oczyszczonej
- ½ łyżeczki cynamonu
- ¼ łyżeczki soli
- 1 duże jajko
- 2 łyżki oleju kokosowego, roztopionego
- 1 łyżka syropu klonowego
- 1 łyżeczka ekstraktu waniliowego
- 1¼ szklanki mleka o obniżonej zawartości tłuszczu 2%
- ½ szklanki borówek

Wskazówki

a) Dodaj wszystkie składniki, oprócz jagód, do blendera. Roztopiony olej kokosowy może stwardnieć, gdy połączysz go z chłodniejszymi składnikami, więc możesz lekko podgrzać mleko, aby zapobiec temu, jeśli chcesz.

b) Zmiksuj wszystko w blenderze do uzyskania gładkiej konsystencji.

c) Wlej masę naleśnikową do dużej miski.

d) Delikatnie wmieszaj jagody.
e) Pozostaw ciasto na 5 do 10 minut. Pozwoli to wszystkim składnikom połączyć się i nada ciastu lepszą konsystencję.
f) Spryskaj patelnię lub ruszt o nieprzywierającej powierzchni obficie olejem roślinnym i rozgrzej na średnim ogniu.
g) Gdy patelnia jest gorąca, dodaj ciasto za pomocą miarki $\frac{1}{4}$ szklanki i wlej ciasto na patelnię, aby zrobić naleśnik. Użyj miarki, aby pomóc uformować naleśnik.
h) Smażyć, aż brzegi naleśnika będą gotowe, a na środku pojawią się bąbelki (około 2-3 minut), następnie przewrócić naleśnik na drugą stronę.
i) Gdy naleśnik będzie już upieczony z tej strony, zdejmij go z ognia i połóż na talerzu.
j) Powtórz te same czynności z resztą ciasta.

96. Naleśniki truskawkowo-bananowe

Składniki:

- 1 szklanka mąki orkiszowej
- ½ łyżeczki proszku do pieczenia
- ½ łyżeczki sody oczyszczonej
- ¾ szklanki zwykłego jogurtu greckiego
- 1 dojrzały średni banan, rozgnieciony
- ½ szklanki + 2 łyżki mleka 2% o obniżonej zawartości tłuszczu
- 1 duże jajko
- 2 łyżki syropu klonowego
- ¾ szklanki pokrojonych truskawek

Wskazówki

a) Do miski wsyp mąkę, proszek do pieczenia i sodę oczyszczoną, wymieszaj trzepaczką.

b) W osobnej misce wymieszaj jogurt, rozgniecionego banana, mleko, jajko i syrop klonowy, aż składniki się połączą.

c) Dodaj mokre składniki do suchych i mieszaj, aż do dokładnego połączenia.

d) Dodaj ostrożnie truskawki.

e) Pozostaw ciasto na 2 do 3 minut. Pozwoli to wszystkim składnikom połączyć się i nada ciastu lepszą konsystencję.

f) Spryskaj patelnię lub ruszt o nieprzywierającej powierzchni obficie olejem roślinnym i rozgrzej na średnim ogniu.

g) Gdy patelnia jest gorąca, dodaj ciasto za pomocą miarki $\frac{1}{4}$ szklanki i wlej ciasto na patelnię, aby zrobić naleśnik. Użyj miarki, aby pomóc uformować naleśnik.

h) Smażyć, aż brzegi naleśnika będą gotowe, a na środku pojawią się bąbelki (około 2-3 minut), następnie przewrócić naleśnik na drugą stronę.

i) Gdy naleśnik będzie już upieczony z tej strony, zdejmij go z ognia i połóż na talerzu.

j) Powtórz te same czynności z resztą ciasta.

97. Naleśniki z brzoskwiniami i śmietaną

Składniki:

- 1¾ szklanki płatków owsianych tradycyjnych
- 2 łyżki bezcukrowej mieszanki budyniowej waniliowej
- 1½ łyżeczki proszku do pieczenia
- 1 łyżeczka sody oczyszczonej
- ½ łyżeczki cynamonu
- ¼ łyżeczki soli
- 1 łyżka masła, roztopionego
- 1 duże jajko
- ¼ szklanki mleka o obniżonej zawartości tłuszczu 2%
- 1 łyżeczka ekstraktu waniliowego
- 2 szklanki obranych i pokrojonych w plastry brzoskwiń (jeśli używasz mrożonych brzoskwiń, najpierw je rozmroź)

Wskazówki

a) Dodaj wszystkie składniki do blendera.
b) Zmiksuj wszystko w blenderze do uzyskania gładkiej konsystencji.
c) Wlej ciasto naleśnikowe do dużej miski.

d) Pozostaw ciasto na 5 do 10 minut. Pozwoli to wszystkim składnikom połączyć się i nada ciastu lepszą konsystencję.

e) Spryskaj patelnię lub ruszt o nieprzywierającej powierzchni obficie olejem roślinnym i rozgrzej na średnio-niskim ogniu.

f) Gdy patelnia jest gorąca, dodaj ciasto za pomocą miarki $\frac{1}{4}$ szklanki i wlej ciasto na patelnię, aby zrobić naleśnik. Użyj miarki, aby pomóc uformować naleśnik.

g) Smażyć, aż brzegi naleśnika będą gotowe, a na środku pojawią się bąbelki (około 2–3 minut), następnie przewrócić naleśnik na drugą stronę.

h) Gdy naleśnik będzie już upieczony z tej strony, zdejmij go z ognia i połóż na talerzu.

i) Powtórz te same czynności z resztą ciasta.

98. Naleśniki z chlebem bananowym

Składniki:

- 1 szklanka mąki orkiszowej
- ½ łyżeczki proszku do pieczenia
- ½ łyżeczki sody oczyszczonej
- ¾ szklanki zwykłego jogurtu greckiego
- 1 dojrzały średni banan, rozgnieciony
- ½ szklanki + 2 łyżki mleka 2% o obniżonej zawartości tłuszczu
- 1 duże jajko
- 2 łyżki syropu klonowego

Wskazówki

a) Do miski wsyp mąkę, proszek do pieczenia i sodę oczyszczoną, wymieszaj trzepaczką.

b) W osobnej misce wymieszaj jogurt, rozgniecionego banana, mleko, jajko i syrop klonowy, aż składniki się połączą.

c) Dodaj mokre składniki do suchych i mieszaj, aż się połączą.

d) Pozostaw ciasto na 2 do 3 minut. Pozwoli to wszystkim składnikom połączyć się i nada ciastu lepszą konsystencję.

e) Spryskaj patelnię lub ruszt o nieprzywierającej powierzchni obficie

olejem roślinnym i rozgrzej na średnim ogniu.

f) Gdy patelnia jest gorąca, dodaj ciasto za pomocą miarki ¼ szklanki i wlej ciasto na patelnię, aby zrobić naleśnik. Użyj miarki, aby pomóc uformować naleśnik.

g) Smażyć, aż brzegi naleśnika będą gotowe, a na środku pojawią się bąbelki (około 2-3 minut), następnie przewrócić naleśnik na drugą stronę.

h) Gdy naleśnik będzie już upieczony z tej strony, zdejmij go z ognia i połóż na talerzu.

i) Powtórz te same czynności z resztą ciasta.

99. Naleśniki tropikalne

Składniki:

- 1¾ szklanki płatków owsianych tradycyjnych
- 1½ łyżeczki proszku do pieczenia
- 1 łyżeczka sody oczyszczonej
- ½ łyżeczki cynamonu
- ¼ łyżeczki soli
- 1 dojrzały średni banan, rozgnieciony
- 2 łyżki oleju kokosowego, roztopionego
- 1 łyżka syropu klonowego
- 1 duże jajko
- 1 łyżeczka ekstraktu waniliowego
- ¾ szklanki mleka o obniżonej zawartości tłuszczu 2%
- ½ szklanki pełnotłustego mleka kokosowego w puszce
- ½ szklanki drobno pokrojonego ananasa (jeśli używasz mrożonego, upewnij się, że został rozmrożony)
- ½ szklanki drobno pokrojonego mango (jeśli używasz mrożonego, upewnij się, że zostało rozmrożone)

Wskazówki

a) Dodaj wszystkie składniki, oprócz ananasa i mango, do blendera. Roztopiony olej kokosowy może stwardnieć, gdy połączysz go z chłodniejszymi składnikami, więc możesz lekko podgrzać mleko, aby zapobiec temu, jeśli chcesz.

b) Zmiksuj miksturę w blenderze do uzyskania gładkiej konsystencji.

c) Wlej ciasto naleśnikowe do dużej miski.

d) Dodaj ananasa i mango.

e) Pozostaw ciasto na 5 do 10 minut. Pozwoli to wszystkim składnikom połączyć się i nada ciastu lepszą konsystencję.

f) Spryskaj patelnię lub ruszt o nieprzywierającej powierzchni obficie olejem roślinnym i rozgrzej na średnio-niskim ogniu.

g) Gdy patelnia jest gorąca, dodaj ciasto za pomocą miarki $\frac{1}{4}$ szklanki i wlej ciasto na patelnię, aby zrobić naleśnik. Użyj miarki, aby pomóc uformować naleśnik.

h) Smażyć, aż brzegi naleśnika będą gotowe, a na środku pojawią się bąbelki (około 2-3 minut), następnie przewrócić naleśnik na drugą stronę.

i) Gdy naleśnik będzie już upieczony z tej strony, zdejmij go z ognia i połóż na talerzu.

100. Idealne naleśniki

Wydajność: 4-6 porcji

Składniki:

- 1 ½ szklanki mąki uniwersalnej
- 3 ½ łyżeczki proszku do pieczenia
- ½ łyżeczki soli
- 1 łyżka cukru
- 1 ¼ szklanki mleka
- 1 jajko
- 3 łyżki roztopionego masła (opcjonalnie)

Wskazówki

a) W dużej misce wymieszaj mąkę, proszek do pieczenia, sól i cukier.

b) Zrób dołek na środku i wlej mleko, jajko oraz roztopione masło. Wymieszaj widelcem lub trzepaczką, aż do uzyskania gładkiej masy.

c) Rozgrzej patelnię grillową lub dużą patelnię na średnio wysokim ogniu (ja ustawiłem temperaturę patelni na 190°C).

d) Wlej lub nałóż $\frac{1}{4}$ szklanki ciasta na każdy naleśnik. Poczekaj, aż utworzą się bąbelki, aby przewrócić.

e) Zrumień drugą stronę i podawaj z masłem i syropem jagodowym.

WNIOSEK

Niektóre przepisy w tej książce wystarczą na cztery porcje naleśników. Jeśli nie karmisz tak wielu osób, nie martw się — możesz zamrozić naleśniki na później. Po prostu zrób naleśniki tak, jak zwykle. Pozostaw je do całkowitego ostygnięcia, a następnie ułóż je warstwami między kawałkami woskowanego papieru. Włóż naleśniki do woreczka strunowego i włóż do zamrażarki. Aby je podgrzać, możesz zrobić kilka rzeczy. Możesz pozwolić im się rozmrozić, a następnie podgrzać na patelni lub włożyć zamrożone naleśniki do mikrofalówki na minutę. Pamiętaj tylko, aby usunąć woskowany papier, niezależnie od tego, której metody użyjesz. Jeśli jest dodatek, który pasuje do przepisu na naleśniki, które zamrażasz, możesz zrobić dodatek i przechowywać go w lodówce do tygodnia. W przeciwnym razie będziesz musiał przygotować świeży dodatek, gdy będziesz podgrzewać naleśniki.

Milton Keynes UK
Ingram Content Group UK Ltd.
UKHW022030131124
451149UK00013B/1387

9 781836 872207